T0188593

Prospere,
no sólo
sobreviva

KAROL LADD

C A S A
CREACIÓN
A STRANG COMPANY

La mayoría de los productos de Casa Creación están disponibles a un precio con descuento en cantidades de mayoreo para promociones de ventas, ofertas especiales, levantar fondos y atender necesidades educativas. Para más información, escriba a Casa Creación, 600 Rinehart Road, Lake Mary, Florida, 32746; o llame al teléfono (407) 333-7117 en Estados Unidos.

Prospere, no sólo sobreviva por Karol Ladd
Publicado por Casa Creación
Una compañía de Strang Communications
600 Rinehart Road
Lake Mary, Florida 32746
www.casacreacion.com

Published by arrangement with the original publisher, Howard Books, a division of Simon & Schuster, Inc.

Traducido y editado por: Belmonte Traductores
Director de arte: Bill Johnson
Diseño de portada: Amanda Potter

Library of Congress Control Number: 2009932107

ISBN: 978-1-59979-444-0

Impreso en los Estados Unidos de América
10 11 12 13 * 8 7 6 5 4 3 2

Índice

Tercera parte: Vivir apasionadamente

Agradecimientos

GRACIAS A TODAS las mujeres maravillosas que compartieron sus historias personales para bendecir a los lectores de este libro. Mi especial gratitud para Amy, Leslie y Tammy por sus aportaciones, pensamientos y amistad.

Una especial gratitud a Philis Boultinghouse, Jennifer Stair, y todas mis amigas en Howard Books que dedicaron su tiempo, su duro trabajo y su sabia perspectiva, ¡para hacer que este libro prospere!

Ninguna de nosotras sabe cuál va a ser el próximo cambio, qué oportunidad inesperada está justamente a la vuelta de la esquina; esperando unos meses o unos años para cambiar por completo el tenor de nuestra vida.

Kathleen Norris

Introducción

¡Yo no firmé para esto!

Vivir en un mundo impredecible

El corazón del hombre traza su rumbo,
pero sus pasos los dirige el SEÑOR.

Proverbios 16:9

¿CUÁNDO CRECIÓ USTED? Lo que realmente quiero preguntar es: ¿cuándo comenzó por primera vez a entender que la vida no siempre resulta ser justa y feliz? Algunas personas crecen tempranamente en su vida como resultado de difíciles experiencias en su niñez, mientras que a otras les toma un buen periodo crecer atravesando los altibajos de la vida. ¡Algunos adultos aún no han crecido! Sinceramente, cuando en realidad se trata de eso, la gran pregunta en la vida no es: ¿se producirán desengaños? La pregunta más amplia y más realista es: cuando se produzcan los desengaños, ¿cómo los trataremos?

Este libro responde esa pregunta más amplia. Cuando los desafíos salen a mi encuentro —y, créame, he tenido mi parte de desafíos—, no quiero simplemente sobrevivir y nadar como los perros por la vida. ¡Quiero prosperar! Tengo el sentimiento de que usted también quiere hacer eso. *Sobrevivir* implica que a duras penas atravesamos las dificultades en la vida, agarrándonos con nuestras uñas a fin de mantener algún tipo de normalidad. Pero *prosperar* va más allá de la simple supervivencia. Significa que nos elevamos por encima de las circunstancias decepcionantes y experimentamos una vida gozosa y vibrante a pesar de los desafíos. Ahora bien, sé que hay momentos en que lo único que podemos hacer es simplemente sobrevivir, pero finalmente cada una de nosotras puede llegar a un lugar en su vida en el que prosperemos a pesar de las circunstancias. Prosperar no siempre es fácil, pero el desafío vale la pena. ¿Está dispuesta a dejar atrás el desánimo? ¿Está abierta a ver lo que Dios tiene a la vuelta de la esquina, aun si no es lo que usted soñó para su vida? ¡Entonces siga leyendo!

Los desafíos y los desengaños llegan de todo tipo y tamaño. Un diagnóstico inesperado, un divorcio no deseado, un embarazo sorpresa, una relación rota, un empleo terminado, un doloroso accidente de tráfico, una pérdida económica, una muerte prematura, o un hijo apartado pueden agarrarnos fuera de guardia y poner boca abajo nuestras vidas. Quizá su vida no resultó como usted pensó que sería, o quizá *usted* no resultó ser la persona que creía que sería, o quizá Dios no hizo lo que usted esperaba que hiciera en su vida. Aunque sus sueños hayan cambiado, lo importante a recordar es que usted sigue teniendo una vida que vivir y que hay multitud de oportunidades por delante.

Cuando las expectativas en la vida cambian y los sueños quedan frustrados, hay potencial para que surja un cuadro nuevo y diferente. Sin duda, debemos dolernos por la pérdida de nuestros sueños, pero entonces debemos decidir si adaptarnos con gracia y anticipación a lo que Dios puede hacer, o dar una patada, y gritar y gruñir, y culpar a otros. Ahora bien, estoy pensando que es bastante obvio cuál de esas opciones crea a una mujer próspera que vive apasionadamente la vida que ella no planeó. Supongo que a usted le gustaría ser ese tipo de mujer, y no una clase de mujer amargada, enojada y atascada en sus circunstancias. ¡La buena noticia es que usted puede aprender a prosperar!

Por encima de la supervivencia

Aunque podría parecerle imposible ahora, *puede* usted moverse por encima de la supervivencia y vivir de forma apasionada y victoriosa en sus nuevas circunstancias. Dios es un Dios redentor que puede llevar frescura a lugares que parecen horribles y podridos. Lo más importante es que Dios es un Dios amoroso que nunca le abandonará, aun cuando usted sienta que está en el agujero más profundo y oscuro.

¿Cómo acepta usted lo inesperado? ¿Cómo acepta con alegría la mano que le ha tratado y vive apasionadamente la vida que usted no planeó? Me gustaría poder decirle que hay una fácil solución de tres pasos a seguir, y todo será estupendo. Aunque nos encantaría que la vida fuese así de fácil, la realidad es que la vida es complicada y que no existen soluciones fáciles a las dificultades de la vida. Sin embargo, usted (sí, usted) puede aprender a prosperar en la vida que no planeó. La respuesta no se encuentra en tres pasos fáciles; más bien se encuentra en la obra transformadora de Dios en nuestras vidas. En las páginas de este libro encontrará usted aliento, fortaleza, sabiduría y esperanza basados en los principios de la Palabra de Dios. Mi deseo es señalarle hacia la única fuente de gozo verdadero y perdurable: Dios mismo.

La Biblia proporciona principios transformadores para ayudarnos a crecer y a aprender a medida que caminamos por el serpenteante sendero de lo inesperado. Dios nos da su Espíritu Santo para dirigirnos y guiarnos por direcciones nuevas y llenas de esperanza. Él sana nuestras heridas y nos da fortaleza para seguir avanzando. El salmista nos recuerda que Dios redime nuestra vida del pozo y nos corona de amor y compasión. Él satisface nuestros deseos con cosas buenas, a fin de que nuestra juventud se renueve como la del águila.[1] *Redimir* no significa que Dios vaya a eliminar cada dificultad que surja en nuestra vida. Por el contrario, cuando Dios redime una situación, Él saca algo bueno de las circunstancias aparentemente pésimas.

Dios tiene un plan que está por encima de nuestros sueños rotos y nuestras expectativas frustradas. El plan A no funcionó, pero Dios no ha terminado con las historias de nuestra vida. En este libro usted leerá historias verdaderas de mujeres —y también de unos cuantos hombres— que se han enfrentado a varios desengaños en su plan A de la vida y, sin embargo, han visto la fortaleza de Dios y su renovación en el plan B. También veremos sólidos principios bíblicos sobre cómo tratar las decepciones, reenfocándonos en nuevas posibilidades, y llegando a ser mujeres valientes y confiadas.

Cada capítulo comienza con poderosas citas de hombres y mujeres llenos de fe, y está lleno de increíbles historias y planes prácticos para ayudarle a afrontar el desengaño. No quiero que este sea simplemente otro libro que usted lee y luego pone en un estante; mi esperanza es que estos capítulos impacten su modo de vivir y de pensar. Por eso puse la sección "Un paso adelante" al final de cada capítulo. En esa sección especial de resumen he incluido Puntos (un recordatorio de los puntos clave que aprendió usted en el capítulo), Pasaje (una lectura bíblica sobre la cual reflexionar), Oración (una oportunidad de que usted conecte con Dios), y Plan (una aplicación práctica para ayudarle a poner en práctica lo que ha aprendido). Es mi oración que este libro sea una poderosa inspiración para usted a medida que se enfrente a lo impredecible de la vida paso a paso.

La elección es suya

Puede que sienta como si no tuviera control sobre su vida, ¡pero realmente tiene usted elecciones! ¿Escogerá confiar en un Dios soberano que le ama y que tiene un plan para su vida, o se revolcará en la desesperanza y la desesperación? ¿Escogerá tener una actitud de que puede hacerse, o escogerá gruñir y quejarse? ¿Escogerá dar un paso y avanzar, o escogerá quedarse en una rutina? ¿No es estupendo tener elecciones? Usted afronta esas mismas elecciones cada día, ya sea que se encuentre con sencillos desengaños cotidianos o experimente importantes decepciones en la vida.

Aunque yo no puedo escoger por usted, puedo ofrecerle herramientas para equiparle e inspirarle a hacer elecciones positivas. En cierto sentido, este libro es un manual para ayudar a convertir el desánimo en posibilidades, a la vez que escucha la voz de nuestro buen Pastor, que con misericordia nos conduce y nos guía a lo largo del camino. A veces ese camino es un sendero pedregoso, pero nuestro amoroso Pastor no nos dejará. Él está a nuestro lado para llevarnos por las grietas difíciles y sobre las cumbres de las montañas hasta verdes valles.

Por tanto, continuemos juntas nuestro viaje por caminos impredecibles. Estoy aquí para alentarle, inspirarle, y darle un amigable empujoncito para que no se detenga en los puntos negativos y, en cambio, cambie su enfoque hacia arriba y se mueva en una nueva dirección positiva. Esta es su guía de referencia para el sendero que está por delante, proporcionándole sabiduría bíblica, historias de aliento, y poderosos principios para aceptar lo inesperado. Que su vida en el plan B irradie la belleza que Dios puede traerles a usted y a las personas que le rodean.

PRIMERA PARTE

Cuando los sueños decepcionan

*Que nada te turbe,
que nada te asuste,
todas las cosas pasan,
Dios nunca cambia.*

Santa Teresa de Ávila

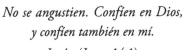

*No se angustien. Confíen en Dios,
y confíen también en mí.*

Jesús (Juan 14:1)

No hay pozo tan profundo donde el amor
de Dios no sea más profundo aún.

Corrie ten Boom

1

Siete decepciones comunes en la vida de una mujer

Identificar sus luchas y entender que no está usted sola

Ustedes no han sufrido ninguna tentación que no sea común al género humano. Pero Dios es fiel, y no permitirá que ustedes sean tentados más allá de lo que puedan aguantar. Más bien, cuando llegue la tentación, él les dará también una salida a fin de que puedan resistir.

1 Corintios 10:13

N o ESTÁ USTED sola.

De algún modo esa frase consuela, ¿no es cierto?

Saber que otra persona está en el mismo viaje con una ofrece aliento y esperanza. En este momento puede que usted piense: *Me siento muy sola. Nadie entiende mi frustración y mi dolor.* Ciertamente no hay ninguna otra persona que sepa exactamente cómo se siente usted o que haya experimentado el dolor concreto de su desengaño personal; sin embargo, amiga mía, quiero que sepa que *no está usted sola.*

Usted no está sola porque, ahí, a su lado, aunque usted puede que no le vea ni le sienta, está el Dios que se interesa por usted.

Él es el Dios que todo lo ve, y le invita a echar toda su ansiedad sobre Él.[1] A lo largo de las épocas, Dios ha estado asegurando amorosamente a su pueblo: "No temas, porque yo estoy contigo".[2] En los Salmos, leemos la afirmación de David de la presencia de Dios: "¿A dónde podría alejarme de tu Espíritu? ¿A dónde podría huir de tu presencia?".[3] Por mucho que lo intentemos, no podemos ocultarnos de Dios. Sus brazos amorosos se extienden dondequiera que vayamos. Dios se encontrará con nosotras allí donde estemos, con brazos abiertos, diciendo: "Vengan a mí todos ustedes que están cansados y agobiados, y yo les daré descanso".[4]

No puedo decirle por qué está usted en ese lugar de desengaño, ni tampoco puedo responder la pregunta: "¿Por qué permitió Dios esto?". Las respuestas no siempre son fáciles o evidentes. Aunque puede que no entendamos por qué Dios permite las situaciones no tan felices en nuestra vida, podemos seguir confiando en su amor y su cuidado de nosotras. Él es un Dios misericordioso y paciente. Puede que usted le haya ignorado por muchos años, pero, amiga mía, nunca es demasiado tarde para clamar a Él. La Biblia nos asegura que, si le buscamos, le hallaremos.[5] El Dios de toda consolación le ama, y desea tener una relación con usted.

La Biblia describe a Dios como "clemente y compasivo, lento para la ira y grande en amor y fidelidad".[6] ¿Acaso no es una descripción atractiva? ¡Qué Padre celestial tan maravilloso tenemos! Como hijas suyas, podemos estar seguras de que Él está con nosotras en los momentos alegres de nuestra vida y también en los momentos difíciles.

Imagínese junto conmigo por un instante a un padre amoroso que lleva a su hijo al parque, y al zoo, y a la heladería. ¿Puede imaginar a ese mismo padre dejando a su hijo herido en el hospital y diciendo: "Sé que tienes mucho dolor, pero estoy ocupado ahora mismo. Regresaré y te recogeré más tarde cuando todo esté bien". No, un buen padre abrazará a su hijo en las experiencias difíciles y dolorosas. Ahora bien, si un padre humano se interesa de ese modo por un hijo, ¿cuánto más nuestro perfecto Padre celestial nos abraza con su tierno y amoroso abrazo en las pruebas que afrontamos? Nuestro misericordioso Dios nunca nos dejará.

Vínculos consoladores

Aunque su dolor sea personal, usted no es la única que ha experimentado dolor. Compartimos un vínculo común con mujeres de todas las épocas que han experimentado desengaños y pérdidas, tanto grandes como pequeñas. Desde Eva en el huerto de Edén, hasta usted y yo, nadie está exento de experimentar sueños rotos y expectativas frustradas. No encontramos sólo camaradería en la experiencia común del desengaño, sino que también podemos encontrar esperanza en la fortaleza, la paz y la bendición que otras mujeres han experimentado en sus luchas. Dentro de cada historia de desencanto hay una pepita de posibilidad. Desde luego, ninguna historia es exactamente como la de usted o la mía; sin embargo, sigue existiendo en la historia de cada mujer un elemento de esperanza que puede inspirarnos y alentarnos.

Personalmente, obtengo fortaleza de saber que otras mujeres afrontaron desengaños parecidos y no sólo sobrevivieron, sino que también prosperaron. Si es usted como yo, se sentirá inspirada por las historias de mujeres que vivieron apasionadamente las vidas que no planearon. Ya sea que estemos leyendo sobre mujeres en la Historia o relatos actuales, nos alienta saber que no somos las únicas que han afrontado pronósticos insuperables o un cambio en la dirección de nuestra vida. Piense en la historia de mi amiga Jan.

Jan siempre se imaginó como mamá de niñas. De hecho, sigue conservando su colección de muñecas Barbie de su niñez, que había planeado regalarles algún día a sus hijas. Pero Jan no cambiaría a sus cuatro hijos por nada del mundo. Ella dice que una palabra que describe su vida es adaptación. Desde luego, adaptarse a cuatro hijos en lugar de tener hijas ha sido una adaptación relativamente fácil al plan de Dios, comparado con tener que adaptarse a que uno de sus hijos está gravemente discapacitado.

Cuando Connor, su tercer hijo, nació, Jan y su madre, Dede, reconocieron que algo no iba bien. Aunque el hospital le envió a su casa diciendo que estaba sano, ellas notaron algunas banderas rojas. Él no lloraba, y aunque eso parecía agradable, Jan y Dede sabían que no era una buena señal. Cada vez que había que darle de comer era una lucha, y los ojos de Connor no seguían el movimiento. Jan y su esposo, Patrick, llevaron a Connor a médico tras médico intentando encontrar respuestas.

A medida que Connor fue creciendo, no podía caminar, ni hablar, ni alimentarse por sí mismo. Su larga lista de trastornos incluye parálisis cerebral, ataques, discapacidad visual cortical (ceguera mental), microcefalia (cabeza pequeña), grave retraso en el desarrollo, retraso mental, dificultad para tragar, bajo tono muscular e inmovilidad. Aun ahora, a los doce años de edad, Connor funciona como un recién nacido, y depende totalmente de los demás. No puede sentarse, ponerse boca arriba, alimentarse por sí mismo ni hablar.

Cuando Connor tenía dos años de edad, nació el cuarto hijo de los Wright. Con un hijo con necesidades especiales y un recién nacido que necesitaba cuidado a pleno tiempo, además de sus otros dos hijos, Jan pronto llegó a agotarse física y emocionalmente. Cada día, ella parecía simplemente sobrevivir, intentando hacer que los dos mayores saliesen para la escuela y después cuidar de los dos pequeños habiendo dormido muy poco o nada. Jan tenía familiares y amigos maravillosos que ayudaban, pero seguía sintiendo que estaba en el pozo de la desesperación sin ninguna respuesta ni esperanza.

Jan recuerda un día en que se miró en el espejo, vio su rostro demacrado, y pensó: *¿Quién es esa mujer?* Después, en la quietud del momento, oyó la voz de Dios decirle: *¿Vas a dejar que esto te mate, o vas a ponerte a la altura de la ocasión y seguir adelante con tu vida? Tienes un esposo que te quiere, y tus hijos necesitan una mamá en buen estado. ¡Tienes muchas cosas por las que continuar!* Ella comprendió que su autocompasión, su enojo y su tristeza no le llevaban a ninguna parte. Jan supo que ese era el momento de la decisión. Aunque no tenía todas las respuestas, era hora de aceptar su situación y hacer todo lo que pudiese por Connor y por el resto de su familia. Comenzó a abrir sus ojos a la provisión de Dios y a dar pasos positivos hacia delante. Jan recuerda que ella y Patrick decidieron que no iban simplemente a sobrevivir a eso, sino a escoger prosperar. (De hecho, las palabras de Jan se convirtieron en la inspiración para el título de este libro). Ellos sabían que estaban llamados a ser más que vencedores por medio de Cristo.

Jan es sincera en cuanto a su viaje emocional a lo largo de sus desafíos. Dice: "Yo, sin duda alguna, no me sentía adecuada, y sigo sin sentirlo. ¡Pero aquí estoy!". Al apoyarse en la fortaleza de Dios cada día, ha aprendido a vivir apasionadamente la vida que ella no planeó.

Han soportado dificultades, pero Jan y Patrick no las cambiarían por todas las bendiciones que han recibido por tener a Connor en su familia. A la familia Wright le encanta la diversión y la alegría. Continuamente tienden su mano para ayudar a otras personas, y su hogar siempre está lleno de amigos. El vínculo familiar es fuerte, y su confianza en el Señor ha profundizado.

Connor nunca caminará ni hablará a este lado del cielo, pero su vida es una bendición; ha llevado gozo a cada miembro de su familia. El viaje de ellos ha sido largo y desafiante, pero están agradecidos por las lecciones que Connor les ha enseñado. Jan admite de inmediato: "Yo siempre me he sentido muy normal; pero sé que la Biblia está llena de personas normales y corrientes a las que Dios llamó y equipó para hacer algo especial".

Jan no firmó para los desafíos a los que se enfrenta; sin embargo, ha aprendido a apoyarse en Dios en su viaje. Día a día, Dios le da a Jan lo que necesita para levantarse y vivir apasionadamente la vida que ella no planeó.

Jan aprendió no sólo a adaptarse, sino también a vivir victoriosamente en sus inesperados desafíos en la vida. En este capítulo exploraremos siete decepciones comunes a las que las mujeres normalmente se enfrentan en la vida. Ahora bien, no estoy diciendo que cada mujer haya experimentado esas siete decepciones. Vaya, ¡qué deprimente sería eso! Pero las siete son las más comunes que las mujeres experimentan en la vida. Lo más probable es que usted esté asintiendo con la cabeza a medida que lee, diciendo: "Sí, me identifico con esa y con esa otra, ¡y estoy muy contenta de no haber pasado por esa!". Mi propósito aquí no es abrir sus ojos a lo miserable que realmente es usted, sino ayudarle a identificar sus luchas y a reconocer que no está usted sola.

Así que pasemos a identificar las siete. Tenga en mente que no vamos a hablar sobre cómo vencer las decepciones en este capítulo (de eso trata el resto del libro); sencillamente vamos a identificarlas.

1. Decepción con el matrimonio

Esté usted soltera, casada, o soltera de nuevo, probablemente haya descubierto que el "y vivieron felices para siempre" ocurre en nuestros cuentos de hadas favoritos, pero no en la realidad. Si ha estado usted casada al menos un año, posiblemente se haya dado cuenta de que su esposo puede que no esté a la altura del "príncipe azul" que usted creía que él sería. Si no está usted casada, puede que anhele que ese hombre especial venga a su vida.

La decepción en el matrimonio incluye problemas con respecto a las finanzas, frustraciones personales, indiscreciones e incompatibilidad. Quizá el guapo muchacho con quien se casó usted cuando estaban en la universidad haya resultado ser un holgazán o alguien que gasta muchísimo y que le ha metido en graves deudas. O su Sr. Fidelidad resultó ser el Sr. Flirteo. O su atento novio resultó tener la sensibilidad de una puerta de granero una vez que se casaron.

Las personas nos sorprenden. A veces cambian, y a veces son totalmente distintas a lo que pensábamos que eran cuando nos casamos. Seamos sinceras: el matrimonio no es tan fácil como pensábamos que sería. Pero aun en las decepciones en el matrimonio, podemos seguir viendo la mano de Dios obrando a medida que Él fortalece nuestra capacidad de amar y ser amadas. En definitiva, queremos enriquecer constantemente nuestro matrimonio, para que pueda ser lo mejor que pueda ser por encima de las decepciones.

Quizá esté usted soltera, aunque había esperado y planeado estar casada a estas alturas. O quizá planease vivir el resto de su vida con su esposo, solamente para haberse enfrentado al divorcio o a la viudedad. Posiblemente, usted nunca pensó en ser madre soltera, pero ahí está. Por favor, no me malentienda; estar soltera no es algo negativo, sencillamente puede que no sea el lugar donde usted había planeado estar en este momento. Ya sea que estemos solteras o casadas, podemos *escoger prosperar* a pesar de cuáles sean las circunstancias.

2. Decepción con los hijos

Cuando se trata de hijos, muchos padres experimentan frustración, sorpresa o preocupación. Posiblemente usted tenga un hijo que no encaja en el agradable molde que la sociedad denomina "el hijo perfecto". Una discapacidad, o una enfermedad, o una actitud desafiante puede que hayan cambiado la imagen de lo que usted siempre pensó que sería su familia. Ya sea un joven e incontrolable gritón, o un adolescente que se junta con las compañías equivocadas, es más que probable que nuestros hijos no vayan a ser exactamente lo que nosotras habíamos imaginado.

Cuando son adultos, nuestros hijos puede que no se casen con quien nosotras creíamos que deberían, o puede que no entren en el tipo de profesión que nosotras habíamos pensado. Puede que usted sienta el dolor de sus decisiones equivocadas o pecaminosas, aunque usted les enseñó con toda atención a hacer lo correcto. Puede que luchen contra adicciones; puede que se hayan distanciado de usted o de la fe de usted, y usted nunca pensó que ellos estarían tan lejos. Consuélese en el hecho de que Dios tiene un plan para la vida de sus hijos, al igual que lo tiene para la vida de usted. Estoy contenta de que Dios nos ame aunque no encajemos en el molde de "persona perfecta", ¿y usted?

También hay un profundo dolor en no ser capaz de tener hijos propios. También esta es un área de decepción y tristeza que muchas parejas afrontan hoy día, y es fácil perder la esperanza. Esperar el tiempo de Dios y observar a otras personas con sus hijos puede ser un camino terriblemente doloroso. Puede que usted se sienta como si Dios no oyese su clamor por tener un hijo. Este es un viaje de fe muy difícil: confiar en Dios aun cuando usted no entiende por qué. Sin embargo, Dios ve su situación y puede sacar algo bueno a pesar de la frustración.

3. Decepción con el yo

¿Ha conocido alguna vez a una mujer que estuviese perfectamente satisfecha con su aspecto? ¡Yo tampoco! Aun la amiga más bella se queja de su peso, o de su complexión, o de su cabello, o de sus venas. Puede usted nombrarlo: hay mucho de lo que quejarse cuando se trata de aspecto físico. Pero nuestra decepción con el yo no se limita a nuestro cuerpo; se extiende a muchas áreas diferentes de la vida. Podemos estar decepcionadas con nuestra debilidad emocional o nuestra falta de capacidades, talentos o fortalezas. Hay veces en que podemos llegar a desalentarnos por la forma en que manejamos las relaciones, o por nuestra incapacidad de conseguir el empleo correcto, o por nuestra falta de disciplina.

A una mujer nunca le faltan maneras de estar decepcionada consigo misma. De hecho, somos expertas en golpearnos a nosotras mismas mentalmente por elecciones o errores del pasado. Deje que le asegure que, si batalla usted en esta área, definitivamente no está sola. Desgraciadamente, la mayoría de las mujeres no revela su decepción con ellas mismas en una conversación normal, y eso tiende a hacernos sentir como si fuésemos las únicas que somos infelices con cómo somos. Nos sentimos solas cuando se trata del modo en que nos vemos a nosotras mismas; sin embargo, si sacásemos a la luz la comunicación interior que cada mujer tiene con su yo, descubriríamos que la mayoría de nosotras tiene una lucha interior con la confianza; algunas de nosotras sencillamente somos mejores que otras para ocultarla. La buena noticia es que Dios obra por medio de nuestras fortalezas y también de nuestras debilidades para un propósito mayor.

4. Decepción con los demás

Probablemente sea seguro decir que alguien le ha decepcionado en algún momento de su vida. El hecho es que aun la persona más noble nos decepcionará, porque todos somos seres humanos y todos somos pecadores. Las amigas nos frustrarán, nuestra familia política nos molestará, los compañeros de trabajo nos harán enojar, y los vecinos serán desagradables con nosotras. Es la dolorosa verdad sobre la humanidad. Si piensa usted que es la única persona en el mundo que ha sido herida por otra persona, piénselo de nuevo. Las personas han estado causando dolor a otras desde el principio del tiempo (¿recuerda a Caín y Abel?).[7] La cuestión no es si seremos decepcionadas por otros, sino cómo manejaremos las decepciones. ¿Permitiremos que se conviertan en amargura y resentimiento, o viviremos en la esfera de la gracia, la paciencia y el perdón?

La soledad puede ser un subproducto de nuestra decepción con la gente. Puede desarrollarse como resultado de nuestra propia elección de distanciarnos de una persona hiriente, o podría ser un resultado de que alguien se distancie de nosotras. Puede que usted tenga problemas para conectar con la gente porque ha sido herida en el pasado, o quizá tenga la tendencia a criticar a otros. La soledad puede ser insoportable a veces; sin embargo, Dios puede consolarnos en nuestra soledad por medio de su presencia y por medio de su pueblo. Él también puede utilizar nuestra soledad como un catalizador para ayudarnos a alcanzar a otros y acercarnos a Dios.

5. Decepción con las circunstancias

¿Siente que la vida no está exactamente lanzándole besos? Las circunstancias que están fuera de su control puede que hayan convertido su vida aparentemente feliz en un escenario completamente distinto. No estoy segura de que ninguna de nosotras estará alguna vez cómoda con el hecho de que las situaciones pueden cambiar de modo dramático, a veces alterando nuestros sueños para siempre. Una herida debilitante, un huracán devastador, un despido inesperado, un embarazo no planeado, un diagnóstico de cáncer, la bancarrota, la adicción, el divorcio: todas ellas pueden conducirnos a una vida que no planeamos.

Las decepciones financieras pueden ser una fuente constante de frustración y dolor. Ya sea una crisis en la economía, la pérdida del empleo, o un mal manejo personal de las finanzas, pueden surgir desafíos para las personas a nivel de ingresos. Puede que sienta que nunca volverá a ponerse en pie, o puede sentirse frustrada porque no está viviendo al nivel que siempre pensó que viviría. Aunque la vida parece injusta e impredecible, quiero asegurarle que también está llena de potencial y de posibilidades. El camino en el que usted está en este momento puede que no sea divertido o glamuroso, pero Dios puede darle fortaleza cada día a medida que usted avanza hacia la esperanza que tiene por delante.

6. Decepción con la religión

Si está desilusionada por la religión oficial, es usted parte de un cada vez mayor número de individuos, tanto cristianos como no cristianos. Muchos jóvenes en la actualidad no ven la iglesia como un lugar donde el amor de Cristo se muestra; por el contrario, consideran la comunidad cristiana odiosa y condenatoria. Tristemente, en muchas iglesias, el mensaje de Cristo de amar a otros como Cristo nos ama se ha desvanecido convirtiéndose en actitudes altivas y odiosas disputas.

Como creyentes, necesitamos ser una comunidad que muestre al mundo cómo es el amor de Cristo, comenzando con el evangelio y saliendo a tocar vidas con compasión. La iglesia auténtica basada en el fundamento de Jesucristo es algo hermoso. Desgraciadamente, muchos han sido heridos por la religiosidad, ya sea por una mala experiencia en la iglesia, por un ministro no tan fiel, o por alumnos crueles en una escuela cristiana. La crítica, las camarillas, o los espíritus que juzgan también pueden causar decepción con la religión en general. Puede que usted tenga algunas cicatrices que necesiten el amoroso bálsamo de Dios. Cuando quitamos nuestro enfoque de la religión y lo ponemos de nuevo en Jesús, comenzamos a ver la gloria y la bondad de su sincero amor.

7. Decepción con Dios

Usted oró y oró, y no pareció llegar ninguna respuesta clara. O aún peor, usted oró fervientemente, apasionadamente, sin cesar... solamente para que la situación resultase ser exactamente contraria a lo que usted había pedido. Usted creía que Dios le amaba y que se ocuparía de usted, pero su vida se desmoronó.

Cuando decepciones como esas llegan a nuestra vida, nos encontramos preguntando: "¿Dónde está Dios?". Quizá usted haya levantado su puño contra Dios con enojo o le haya dado la espalda por completo. Quizá acaba de decidir distanciarse lentamente en su relación con Él, porque no le ha visto obrar. La decepción con Dios adopta muchas formas diferentes. Normalmente trae consigo una buena cantidad de culpabilidad, pues el enemigo le susurra al oído: *¿Cómo pudiste abandonar a Dios? ¿Qué tipo de persona eres, de todos modos?*

Lo crea o no, algunos de nuestros líderes cristianos más grandes han tenido momentos de duda o de desilusión. Aun en la Biblia vemos las preguntas de Job y los sentimientos de desesperanza de David. Juan el Bautista envió un mensaje a Jesús desde su oscura celda en la cárcel preguntando: "¿Eres tú el que ha de venir, o debemos esperar a otro?".[8] Con frecuencia, la decepción con Dios es resultado de no ser capaz de entender a Dios. No podemos comprender que un Dios amoroso y soberano permita que sucedan cosas malas en nuestra vida, así que cuestionamos si Él realmente está ahí o si es quien Él dice que es.

A medida que avancemos juntas por este libro, espero que usted experimente a Dios de una manera nueva y fresca. Él puede recoger los pedazos rotos de su vida. Entender por qué Él permitió que sucediera algo en su vida no cambiará la realidad de quién es Él y de lo que Él puede hacer por medio de sus circunstancias. Ya sea que entendamos por qué Dios permitió algo o no, lo que sí sabemos es que su consuelo y su cuidado están a nuestra disposición en medio de nuestro dolor, porque la Escritura nos dice: "El Señor está cerca de los quebrantados de corazón, y salva a los de espíritu abatido".[9]

Un hermoso tejido de esperanza

Estoy segura de que usted podría relacionarse con al menos unas cuantas de las decepciones enumeradas en este capítulo (muy bien, quizá más que unas cuantas). La buena noticia es que aunque nuestra vida no haya resultado como nosotras pensábamos que sería, no todo está perdido. Las situaciones que parecen frustrantes o difíciles podrían en realidad convertirse en oportunidades para ver la poderosa y redentora mano de Dios obrar. Aunque puede que no seamos capaces de imaginar el resultado final, Dios tiene un plan que va mucho más allá de lo que nosotras podemos ver.

A lo largo de este libro leerá historias sobre mujeres como usted y como yo que han capeado las tormentas del cambio en sus vidas. En cada historia espero que vea la mano de Dios sosteniéndola en sus dificultades y conduciéndola a nuevas posibilidades. Sí, Dios puede usar los giros y cambios en nuestra vida para conducirnos por un nuevo viaje. Él puede tener un propósito mayor y eterno que nosotras no entendemos ahora, y puede que no lleguemos a comprenderlo plenamente hasta que veamos a Jesús cara a cara. La pregunta es: ¿estamos dispuestas a confiar en Dios y creer que Él sacará bendiciones de nuestro dolor? ¿Confiaremos en que Él diseñe una nueva vida que puede que sea más hermosa de lo que nunca imaginamos? ¿O nos conformaremos con la mera supervivencia —quizá aún menos que supervivencia—, y caeremos en el desengaño, la amargura y la frustración?

La esperanza en Dios puede convertir las decepciones en citas para confiar en Dios. Como dijo David en medio de su tristeza: "¿Por qué te abates, oh alma mía, y por qué te turbas dentro de mí? Espera en Dios; porque aún he de alabarle, salvación mía y Dios mío".[10]

Personalmente, he encontrado un gran aliento en la lectura de las palabras del profeta del Antiguo Testamento, Jeremías, que es conocido como "el profeta lloroso". ¿Puede creer eso? ¡Aliento del profeta lloroso! Pero creo que usted también será alentada. Cuando Jeremías se dolía por la destrucción de Jerusalén, dirigió sus ojos hacia la continua fidelidad del Señor. Observe cómo la decepción de Jeremías se convierte en palabras de fortaleza a medida que él se atreve a tener esperanza.

> Recuerda que ando errante y afligido,
>> que me embargan la hiel y la amargura.
> Siempre tengo esto presente,
>> y por eso me deprimo.
> Pero algo más me viene a la memoria,
>> lo cual me llena de esperanza:
>
> El gran amor del Señor nunca se acaba,
>> y su compasión jamás se agota.
> Cada mañana se renuevan sus bondades;
>> ¡muy grande es su fidelidad!
> Por tanto, digo: "El Señor es todo lo que tengo.
>> ¡En él esperaré!»
>
> Bueno es el Señor con quienes en él confían,
>> con todos los que lo buscan.
> Bueno es esperar calladamente
>> a que el Señor venga a salvarnos.[11]

¿Se atreverá a esperar como hizo Jeremías? Cuando él se dolía por su pérdida, también declaró: "¡El gran amor del Señor nunca se acaba!". Sí, su misericordia es nueva cada mañana. Amiga, a medida que camina por este sendero nuevo y diferente, busque la bondad y la misericordia de Dios a lo largo del camino. Clame a Él pidiendo ayuda, y confíe en su fidelidad para sostenerla día a día. A ninguna de nosotras se nos ha garantizado una vida perfectamente feliz. La Biblia nos recuerda: "Muchas son las angustias del justo, pero el Señor lo librará de todas ellas".[12]

Experimentaremos desafíos en la vida, pero Dios no nos dejará. Puede que seamos llamadas a perseverar en las pruebas y a ser pacientes en la tribulación, pero Dios aún puede traer esperanza.

Quizá se haya preguntado: *¿Es que Dios no quiere que yo sea feliz? Seguro que Él no quiere que sea desgraciada.* La verdad es que nuestros corazones anhelan una vida agradable y feliz. Anhelamos el cielo. La Biblia no nos promete circunstancias perfectas aquí en la tierra, pero sí nos ofrece la oportunidad de experimentar paz y gozo por medio de Cristo.

Uno de mis pasajes favoritos en la Biblia se encuentra en el libro de Nehemías. El pueblo de Dios acababa de regresar a Jerusalén y se había reunido para oír la lectura del libro de la Ley de Dios. Mientras estaban escuchando las palabras de Dios, comenzaron a llorar. Sus corazones fueron movidos a arrepentimiento a medida que los abrían a Dios. Nehemías les alentó: "No estén tristes, pues el gozo del Señor es nuestra fortaleza".[13]

A medida que dirigimos nuestro corazón hacia el Señor, su gozo puede ser también nuestra fortaleza. No es un gozo producido por nuestras circunstancias o por las personas; es un gozo más profundo que viene del Señor. Jesús dijo: "Si obedecen mis mandamientos, permanecerán en mi amor, así como yo he obedecido los mandamientos de mi Padre y permanezco en su amor. Les he dicho esto para que tengan mi alegría y así su alegría sea completa".[14] Ciertamente, Dios quiere que experimentemos un gozo rebosante, un gozo que proviene de permanecer en Él y andar en sus caminos. La vida puede que no siempre sea feliz, pero el gozo del Señor siempre puede ser nuestra fortaleza.

Esperanza y *gozo* son dos palabras que parecen estar tejidas en la vida de Corrie ten Boom. Aunque ella pasó diez meses en un campo de concentración nazi durante la Segunda Guerra Mundial y sufrió la pérdida de cuatro de sus familiares como resultado de ocultar a personas judías de la Gestapo, tuvo una fortaleza que solamente pudo provenir del Señor. El siguiente es un poema que ella citaba a menudo como resultado de experimentar la mano de Dios obrando en su vida.

El tejedor
POR GRANT COLFAX TULLER (1869—1950)

Mi vida no es sino un tejido
entre mi Señor y yo;
yo no puedo escoger los colores
con los que Él trabaja constantemente.
Muchas veces Él teje tristeza;
y yo, en mi necio egoísmo,
olvido que Él ve lo superior,
y yo veo lo inferior.
No hasta que el telar esté en silencio
y la lanzadera deje de volar,
Dios desplegará el lienzo
Y revelará la razón y el porqué.
Los hilos oscuros son tan necesarios
en la diestra mano del Tejedor,
como los hilos de oro y de plata
en el patrón que Él ha planeado.
Él sabe, Él ama, Él se interesa;
nada puede oscurecer esta verdad.
Él da lo mejor a aquellos
que escogen caminar con Él.

Corrie añadió: "Nosotros vemos la parte trasera del bordado, ¡y Dios ve el frente! Él sabe lo hermoso que será".[15] Las circunstancias de su vida puede que no se vean bonitas ahora. Hay momentos en que sentirá temor o como si no hubiese esperanza. Pero Dios no le ha abandonado. Él tiene un plan que está tejiendo juntamente en su fidelidad y su amor. Espere y observe, amiga. Continúe buscando la ayuda de Dios y pídale que su esperanza llene su corazón. El Tejedor de su vida no ha finalizado su trabajo en usted. La vida que usted no planeó puede conducirle a un nuevo propósito y una nueva pasión en los cuales usted gozosamente *prosperará*.

UN PASO ADELANTE

PUNTOS

- Usted no está sola. Dios está con usted en medio de sus decepcionantes circunstancias.
- Toda mujer ha experimentado decepciones hasta cierto grado en su vida.
- Las siguientes son las siete decepciones más comunes en las vidas de las mujeres.

  1. Decepción con el matrimonio
  2. Decepción con los hijos
  3. Decepción con el yo
  4. Decepción con otros
  5. Decepción con las circunstancias
  6. Decepción con la religión
  7. Decepción con Dios

- Toda decepción puede convertirse en una cita para confiar en el plan de Dios.
- Atrévase a poner su esperanza en Dios.
- ¡Grande es la fidelidad de Dios! Día tras día podemos experimentar su misericordia y su gozo a medida que dirigimos nuestros ojos hacia Él.
- Dios es un Dios redentor que está tejiendo una imagen mayor y más eterna de la que podemos ver en este momento.

PASAJE: SALMO 139:7-18

¿A dónde podría alejarme de tu Espíritu?
¿A dónde podría huir de tu presencia?

Si subiera al cielo, allí estás tú;
    si tendiera mi lecho en el fondo del abismo,
    también estás allí.
Si me elevara sobre las alas del alba,
    o me estableciera en los extremos del mar,
    aun allí tu mano me guiaría,
    ¡me sostendría tu mano derecha!
Y si dijera: «Que me oculten las tinieblas;
    que la luz se haga noche en torno mío»,
    ni las tinieblas serían oscuras para ti,
y aun la noche sería clara como el día.
    ¡Lo mismo son para ti las tinieblas que la luz!

Tú creaste mis entrañas;
    me formaste en el vientre de mi madre.
¡Te alabo porque soy una creación admirable!
    ¡Tus obras son maravillosas, y esto lo sé muy
    bien!
Mis huesos no te fueron desconocidos cuando
    en lo más recóndito era yo formado,
    cuando en lo más profundo de la tierra era
    yo entretejido.
Tus ojos vieron mi cuerpo en gestación:
    todo estaba ya escrito en tu libro;
    todos mis días se estaban diseñando,
    aunque no existía uno solo de ellos.

¡Cuán preciosos, oh Dios, me son tus
    pensamientos! ¡Cuán inmensa es la suma de
    ellos!
Si me propusiera contarlos,
    sumarían más que los granos de arena.
Y si terminara de hacerlo,
    aún estaría a tu lado.

ORACIÓN

Padre celestial, misericordioso y bondadoso, te alabo por tu amorosa presencia. Aunque no puedo entender por qué suceden decepciones en mi vida, puedo confiar en que tú me amarás y estarás conmigo para verme salir de ello. Sé que tú redimirás mi decepción; gracias por usar las dificultades y desafíos en mi vida para ayudarme a ser más fuerte. Gracias por la fortaleza que das en el proceso. Creo que tú tienes un plan mayor que yo no puedo ver. Ayúdame a camina por fe y no por vista. Te amo, Señor. En el nombre de Jesús, amén.

 PLAN

Piense en las decepciones que está experimentando actualmente en la vida. Tome un momento para escribirlas en un cuaderno o hasta en la parte trasera de este libro. Ahora repase cada decepción en oración, pidiendo a Dios que le consuele y le dé fortaleza y esperanza. Escriba el siguiente versículo, Sofonías, 3:17, en una tarjeta, y memorícelo a la vez que viaja por este inesperado sendero.

Porque el SEÑOR tu Dios está en medio de ti
    como guerrero victorioso.
Se deleitará en ti con gozo,
    te renovará con su amor,
    se alegrará por ti con cantos.

Nuestros problemas siempre nos han traído bendiciones,
y siempre lo harán.
Ellos son los carros negros de la brillante gracia.

C. H. Spurgeon

2

Tiempo de soltar

Salir de su rutina y seguir adelante con su vida

El Señor está cerca de los quebrantados de corazón,
y salva a los de espíritu abatido.

Salmo 34:18

Jennifer Griffin creyó que estaba experimentando un virus estomacal común cuando no parecía poder retener nada en su cuerpo. Pero al tercer día de los desagradables síntomas, Jennifer estaba tan débil que ni siquiera podía ponerse en pie. Su esposo desde hacía sólo cinco meses sospechó que tenía un nivel peligroso de deshidratación y llamó a una ambulancia. Ninguno pensó que la situación era terriblemente grave, pero cuando ella llegó a urgencias, era obvio que algo iba terriblemente mal. Jennifer recuerda: "Parece que pasaron sólo veinte minutos desde el momento en que llegué hasta que me llevaron a operar".

Lo que sucedió a continuación fue tan dramático que parece casi como algo que uno vería en una película de Hollywood. Los médicos descubrieron que un absceso en el ovario de Jennifer se había roto, y una infección tóxica plagaba todo su cuerpo. El diagnóstico: sepsia y fallo multiorgánico. Los médicos comenzaron de inmediato a luchar por salvarle la vida. Jennifer estaba rodeada de familiares y amigos que acudieron a estar con ella con amor y apoyo. Lentamente, Jennifer comenzó a mejorar, pero parte de ella no lo hizo. El cuerpo de modo natural atrae sangre de las extremidades para luchar contra las infecciones en los órganos internos, así que aunque Jennifer sobrevivió, no sucedió lo mismo con sus manos y sus pies.

Le amputaron las manos a Jennifer justamente por debajo de la muñeca, y las piernas por la mitad de la pantorrilla. Sorprendentemente,

Jennifer se considera afortunada: "Pude conservar mis rodillas y mis muñecas; realmente es lo mejor de la peor de las situaciones". Jennifer, que siempre había llevado un estilo de vida activo, se ha convertido en una inspiración y una maravilla para todos los que la conocen. Ahora, menos de un año después, anda volando sobre prótesis en sus piernas, a las que ella ha puesto el nombre de Fred Astaire y Ginger Rogers. Ella ha aprendido de nuevo a conducir y a teclear, y ha regresado a su trabajo como ayudante de abogado.

Su esposo, Nick, está increíblemente orgulloso de su actitud y su fortaleza. Él dijo: "Yo esperaba una montaña rusa emocional, pero sinceramente puedo decir que no ha habido un sólo momento en que Jen dijera: '¿Por qué me sucedió esto?'. No he visto ni un segundo de autocompasión". Jennifer interrumpió: "Oh, claro que tengo esos momentos. No es autocompasión, sino simple frustración cuando intento hacer algo como agarrar un vaso y se me escapa de las manos".

Jennifer dice que vive una vida más rica y más feliz que nunca. "Sinceramente, en lo profundo de mi ser, no sé por qué sucedió esto tan raro, pero no lo cambiaría —dice—. Han pasado tantas cosas en nuestras vidas que no lo cambiaría… siento sinceramente que hay una razón para ello".

Jennifer ha pasado a comenzar una fundación llamada P.L.A.Y. (Vida positiva para la juventud activa), la cual ayuda a jóvenes con miembros amputados a participar en actividades deportivas como un medio para edificar su autoestima y su confianza. (Consulte la página web www. PlayFoundation.net). Tendrá que estar de acuerdo en que Jennifer es un individuo increíble que sin duda ha aprendido cómo prosperar, y no sólo sobrevivir, en la vida que ella no planeó. Ella hizo una elección consciente de aceptar lo que tenía en lugar de revolcarse en la autocompasión por lo que le habían arrebatado.[1]

La historia de Jennifer es dramática. Aunque puede que usted no haya experimentado un revés físico de tal magnitud, estoy segura de que ha sufrido reveses en su vida. Su decepción, sea grande o pequeña, es muy real para usted. Le proporcioné la historia de Jennifer no para que usted se compare con ella, sino más bien para que sea alentada e inspirada por el modo en que ella aceptó sus circunstancias y su deseo de seguir viajando por el camino hacia la recuperación con una perspectiva positiva. El camino de la vida está salpicado de inesperados baches, algunos de ellos bastante profundos, y debemos decidir si nos quedamos en una rutina o comenzamos a avanzar.

En una rutina

¿Está usted atascada? Quiero decir emocionalmente atascada, dolida o frustrada por el modo en que han resultado las cosas. Quedarse atascada puede sucedernos a cualquiera, con frecuencia sin que ni siquiera nos demos cuenta. Puede que estemos viajando alegremente por el sendero de la vida, cuando —¡*bum!*— las cosas cambian, y debemos ajustarnos. Cuando nuestros corazones se hunden por la pérdida de un sueño, podemos estar profundamente entristecidas porque las cosas no resultaron como nosotras pensábamos que debieran de haber salido. Podemos avanzar a tientas por un amplio espectro de sentimientos, como frustración, desengaño, enojo y tristeza.

Debemos afrontar adecuadamente nuestra tristeza, pero también debemos aceptar nuestras nuevas circunstancias y comenzar a avanzar. ¿Cómo nos movemos de la tristeza hacia la aceptación? La mayoría de nosotras nunca hemos tomado un curso de "Cómo manejar la decepción". Simplemente vamos tropezando en las emociones y el dolor, esperando encontrar gozo una vez más. En este capítulo, quiero que pensemos en algunas formas prácticas de movernos en las decepciones y salir de la rutina.

Hágase las siguientes preguntas (hasta puede que quiera pedirle a una amiga de confianza que le dé su sincera opinión de lo que ella ve en usted):

- ¿Son sus pensamientos constantemente consumidos con su decepción?
- ¿Continúa repitiendo la situación una y otra vez en las conversaciones?
- ¿Guarda usted rencor contra la persona que le hizo daño?
- ¿Sigue representando en su mente el escenario del "si sólo esto no hubiera sucedido"?
- ¿Está saboreando una mentalidad que dice: "Pobre de mí"?
- ¿Les dice repetidamente a las personas que intentan ayudarle: "No sabes lo difícil que es mi vida"? (Excepción: si está usted en una situación de abuso, sea sincera. Obtenga ayuda y dígale a una consejera o una amiga lo mala que es la situación de inmediato.)

Si se identifica con cualquiera de esas frases, puede que esté atascada, pero puede avanzar. Sé que ha sido difícil y que debe dolerse por su pérdida, pero llega un momento en que usted necesita salir de su tristeza y su dolor y avanzar. Sinceramente, es fácil revolcarse en una rutina sin reconocerlo. Algunas personas se quedan ahí porque les gusta desempeñar el papel de víctima. Otras disfrutan de la atención que obtienen por su triste historia. Muchas personas se quedan en una rutina simplemente porque no reconocen que han caído en ella, y no han pensado en cómo salir. Sencillamente no saben cómo dar un primer paso hacia la felicidad otra vez.

Tristeza buena

Es saludable y bueno reconocer cuando estamos experimentando dolor o decepción. La mayoría de nosotras pensamos en la tristeza en términos de la muerte de un ser amado, pero si somos sinceras con nosotras mismas, cierta cantidad de tristeza nos golpea cuando el camino en que estamos cambia de repente. Ahora bien, sin duda alguna, no es el mismo tipo de tristeza que se experimenta con la pérdida de un ser querido, pero es igualmente tristeza. Duele cuando nuestros sueños mueren o nuestros planes perecen. Cuando las cosas resultan de un modo diferente al que pensábamos o creíamos, podemos experimentar un bajón o dolor emocional. Damos un paso positivo hacia delante cuando aceptamos el honesto hecho de que estamos tristes por la pérdida.

También quiero mencionar que hay veces en nuestra vida en que incluso lleguemos a un lugar de completo quebrantamiento. Podemos ser quebrantadas al comprender nuestro propio pecado, o podemos ser quebrantadas emocionalmente o físicamente, sintiendo como si no pudiéramos movernos en nuestras propias fuerzas. Cuando estamos quebrantadas, comenzamos a mirar hacia arriba y a ver nuestra necesidad de Dios. En los Salmos leemos: "[el Señor] restaura a los abatidos y cubre con vendas sus heridas".[2] Mediante nuestra pobreza y quebrantamiento, Dios amorosamente comienza un proceso de limpieza, y con amor nos vuelve a restaurar.

Una mujer que vive apasionadamente la vida que no planeó no lleva el cartel de "Soy invencible". Hasta Jennifer admitió sus sentimientos de frustración. Debemos ser sinceras en cuanto a cómo nos sentimos y no tratar de endulzar nuestra situación o ignorar nuestras emociones. Si reprimimos nuestros sentimientos, puede que estemos en peligro de explotar o implosionar más adelante. Podemos ser auténticas y reales al igual que valientes y fuertes. Llore si necesita hacerlo; encuentre consuelo en la Palabra de Dios, en la oración, en la escritura en su diario, y en hablar con una amiga, una mentora o una consejera. No intente ocultar su dolor sólo porque quiere presentar una imagen de mujer dura y que puede manejarlo todo.

Unas palabras de advertencia: existe una gran diferencia entre dolerse por una pérdida y quejarse continuamente por sus circunstancias. La queja va más allá de hablarle a alguien de su decepción; pasa a la categoría de volver a contar su historia activamente (y posiblemente con enojo) una y otra vez. Puede incluir también una buena medida de autocompasión, lo cual es bastante impropio de cualquier mujer. Helen Keller dijo: "La autocompasión es nuestro peor enemigo, y si cedemos a ella, nunca podremos hacer nada sabio en este mundo".[3] Ciega y sorda desde su niñez, si alguien tuviera una excusa para quejarse, sería Helen Keller; sin embargo, ella escogió ver una vida de posibilidades a pesar de sus discapacidades físicas.

Decidamos evadir la queja y la autocompasión. No queremos ignorar la tristeza que sentimos, pero tampoco queremos acurrucarnos con nuestra tristeza. Lo importante es identificar nuestra tristeza y entonces comenzar a avanzar. Entristecerse, sí; quedarse ahí, no. Cuando nos encontremos en la colina del dolor, no tenemos que plantar allí el campamento. Si hemos de prosperar, debemos dejar atrás la fiesta de autocompasión.

Aceptar el desafío

Uno de los viajes más memorables que hemos hecho como familia fue a la sierra de Texas, cuando nuestras hijas estaban en la secundaria. Decidimos explorar un parque estatal que tenía una formación rocosa gigante llamada "la roca encantada". Mientras observábamos a otros excursionistas ascender el monte, nos sentimos obligados a hacer lo mismo. Unos minutos después, éramos una vigorosa máquina escaladora familiar, y llegamos a la cumbre enseguida. ¡Qué victoria! Con orgullo habíamos conquistado la montaña (bueno, el monte). ¡Y la vista era impresionante! Podíamos ver la hermosa sierra de Texas a kilómetros en todas direcciones. Pronto comenzó a llover, y comprendimos que era momento de descender el impresionante monte. ¿Mencioné que la "roca encantada" es una roca *lisa* bastante grande? De algún modo, no supuso un problema llegar, pero con la lluvia y la escarpada pendiente sí que fue un problema descender. Lo hicimos de modo lento, metódico y cuidadoso. Reconocíamos que un pequeño resbalón podía causar una caída que nos lesionara. Encontramos un sendero menos escarpado al otro lado del monte, y Curt ayudó a cada una de las niñas a medida que cruzábamos puntos difíciles. Nos alegramos mucho cuando finalmente tocamos suelo horizontal.

Aunque el descenso fue bastante desafiante, resultó ser una buena experiencia. Fue una oportunidad para que los cuatro dependiésemos los unos de los otros para obtener apoyo y aliento a lo largo del camino. Descender del monte sanos y salvos fue ciertamente una victoria mucho más dulce que haber llegado a la cumbre.

El punto es que tuvimos que descender de ese monte. No fue fácil, y tuvimos que ayudarnos unos a otros, pero lo conseguimos. Puede que usted se encuentre en una situación que no planeó. Al igual que fue necesario para nosotros como familia ir descendiendo con mucho cuidado por las escarpadas pendientes de "la roca encantada", así también usted necesitará avanzar deliberadamente y con cuidado entre la tristeza. Puede que intente quedarse pensando en lo que traerá el futuro, pero no vaya allí. Sencillamente vaya paso a paso, día a día, hora a hora, con el Señor como su guía y su fortaleza, y las personas que Él ha puesto en su vida como sus alentadores.

Aceptar su situación es su primer y más importante paso mental a medida que atraviesa sus decepciones. Es fácil quedarse atrapada en la rutina de culpar a otros por sus aprietos o quejarse continuamente por lo que ha sucedido. Algunas personas llegan a consumirse con la pregunta: "¿Por qué permitió Dios que esto me sucediera?". Hay un punto en que usted debe simplemente aceptar lo que ha sucedido y comenzar a tratarlo. Puede que nunca sepa por qué sucedió, y no ayuda a su situación continuar culpando a otros. Es momento de decir: "Estoy aquí en este lugar. Ahora, ¿cómo voy a sacarle el máximo provecho?".

Veamos lo que dos mujeres del Antiguo Testamento pueden enseñarnos sobre tratar la decepción de manera positiva.

Reconocer la decepción

En el libro de Rut, se nos presenta una triste situación de una mujer llamada Noemí. Imagine el indescriptible dolor de Noemí al no sólo sufrir la muerte de su esposo, sino también experimentar la muerte no de uno sino de sus *dos* hijos. De repente, viuda y sin hijos, Noemí vio su sueño de una familia grande y feliz con muchos nietos ser arrastrado a un mar de tristeza. Estoy segura de que ella sintió como si su vida hubiera terminado y que nunca más volvería a experimentar felicidad. Lo único bueno que tenía en su vida era a su nuera Rut, que escogió quedarse con ella. Sin embargo, Noemí tenía algo más a su favor: era sincera con respecto al modo en que se sentía.

Cuando Rut y Noemí regresaron a la ciudad natal de Noemí, Belén, después de la terrible pérdida de sus esposos, fueron recibidas con emoción por la gente de la ciudad. "¿Es realmente Noemí?", preguntaban las mujeres. Noemí no intentó jugar al juego de "Yo soy invencible". Ella dijo: "Ya no me llamen Noemí [que significa agradable]… Llámenme Mara, porque el Todopoderoso ha colmado mi vida de amargura. Me fui con las manos llenas, pero el Señor me ha hecho volver sin nada. ¿Por qué me llaman Noemí si me ha afligido el Señor, si me ha hecho desdichada el Todopoderoso?".[4]

Noemí lo dijo tal como era; ella no ocultó su dolor. Me avergüenza decirle que yo solía leer el libro de Rut y pensar según mi arrogante manera que Noemí estaba deprimida y necesitaba sobreponerse a ello. Yo pensaba: *Dios estaba con ella, y Él le dio a Rut como una compañera, y más adelante le hizo ser la tatara-buela del rey David; entonces, ¿cuál es el problema?* Muy fácil para mí decirlo, porque yo conocía el final de la historia. La pobre Noemí estaba en medio del dolor en el primer capítulo de Rut.

Ella tenía todo el derecho a sentirse dolida, y creo que nos ofrece un conmovedor ejemplo de honestidad al reconocer las decepciones de la vida y entristecerse. La buena noticia es que ella no se quedó ahí; soltó su viejo sueño y siguió adelante.

De la misma manera, necesitamos dejar de fingir que no estamos dolidas o ignorar el hecho de que sentimos dolor. No tenemos que ir por ahí anunciando o informando a cada persona que veamos, pero sí que necesitamos ser abiertas con las personas que se interesan por nosotras. No necesitamos revolvernos en nuestro dolor; simplemente necesitamos ser sinceras y aceptar que lo tenemos. Piénselo de este modo: ¿intentamos ministrar a otros que están dolidos mostrándoles nuestra armadura emocional chapada en acero, o abriendo el compañerismo mediante sufrimientos compartidos?

Salomón nos recuerda: "Todo tiene su momento oportuno; hay un tiempo para todo lo que se hace bajo el cielo... un tiempo para llorar, y un tiempo para reír; un tiempo para estar de luto, y un tiempo para saltar de gusto".[5] Jesús lloró, David se dolió, y nosotras también debemos caminar entre nuestras emociones. Dice Katherine Anne Porter: "No eluda el sufrimiento. Tiene que atravesarlo para llegar hasta donde se dirige".[6] Permita que el dolor siga su curso, sabiendo que no estará usted en ese lugar para siempre. Suelte conscientemente el viejo sueño a la vez que busca que Dios le dirija hacia el capítulo siguiente de su vida.

Ver el cuidado de Dios

Dios envió una provisión para la vida de Noemí en forma de su nuera Rut. Sin duda, Rut también tenía motivos para estar triste, ya que su esposo también había muerto, dejándolas a ella y a su suegra sin ningún medio de recibir ingresos. Rut comenzó a buscar una vislumbre de esperanza, ¡y la encontró! Aunque ella misma no era israelita, sabía que la ley judía requería que los dueños de tierras dejasen ciertas partes de sus campos sin cosechar, y cualquier grano que los segadores dejasen caer debía dejarse en la tierra para que los pobres los recogieran. Como ve, muchos años antes, Dios había hecho provisión para las personas en necesidad.

¿Qué ha provisto Dios para usted? Puede que sea una mano ayudadora o el oído de una amiga que escucha. Puede que sea una consejera en su iglesia o un grupo de mujeres en un estudio bíblico; puede que sea cierto tipo de provisión física; puede que sea la presencia y la paz de Dios. La Biblia nos recuerda que Dios es nuestro Guardador y nuestro Proveedor. El apóstol Pablo dijo desde su celda en la cárcel: "Así que mi Dios les proveerá de todo lo que necesiten, conforme a las gloriosas riquezas que tiene en Cristo Jesús".[7]

Abramos nuestros ojos al cuidado que Dios nos da. Podemos comenzar por dirigir nuestros ojos hacia aquello por lo que podemos estar agradecidas y quitar nuestro enfoque de todo lo que es horrible. Piense en escribir un diario de "Gracias, Dios" a medida que camina por su sendero de decepción. Cada día, escriba al menos una provisión que Dios le haya dado, y dele gracias por ello. Puede ser algo tan sencillo como la provisión de Dios de alimento para ese día, o un tejado sobre su cabeza, o una amiga que le llamó para preguntarle cómo estaba.

Dar gracias debiera ser una práctica continua en nuestra vida cuando las cosas van bien y también cuando apestan. Aun en nuestros días más difíciles, hay al menos algo (aunque sea pequeño) por lo cual podemos estar agradecidas. Escribir una frase en un diario de "Gracias, Dios" cada día nos ayuda a alejarnos lentamente de nuestra tristeza y comenzar a ver posibilidades; nos obliga a observar lo que Dios ha hecho y a encontrar seguridad de lo que Él puede hacer.

Una amiga mía, Denise Waters, se sintió obligada a escribir al menos cinco cosas por las que estaba agradecida cada día. Esta actitud de gratitud transformó tanto su vida y su modo de pensar que hasta creó un diario guiado titulado *Da gracias 5 veces por día*, que tiene un espacio cada día para escribir cinco cosas por las cuales se está agradecido. Ella también hizo tazas e imanes como recordatorios diarios para dar gracias a Dios continuamente. ¿No es estupendo? Pruebe los principios de dar gracias cada día, y descubrirá que comienza a transformar también su propio pensamiento. Lo que es más importante, le ayudará a abrir sus ojos al cuidado de Dios y a la forma en que Él está obrando en su vida día a día.

Si le resulta difícil ver algo bueno en su vida en este momento, le aliento a que pida ayuda a una amiga para reconocer aunque sea algunas cosas pequeñas por las que estar agradecida en sus circunstancias. Las cosas buenas están ahí, pero a veces estamos tan enfocadas en nuestras frustraciones que somos incapaces de ver lo bueno. Por tanto, pida a una amiga o a un familiar que arranque su lista de gratitud, y luego continúe usted sola. Sé que experimentará un empuje en su actitud y en su espíritu.

Crear un nuevo plan

Afortunadamente, Rut y Noemí no se quedaron en su pozo de desesperación. Vieron la provisión de Dios y dieron un paso hacia la esperanza. La esperanza arrojó luz sobre un nuevo plan. Rut había encontrado favor con el dueño de la tierra, Booz. En su providencia, Dios guió a Rut a un campo donde no sólo recibió cuidado, sino que también tuvo una oportunidad. Booz era pariente de Noemí y, por tanto, tenía la responsabilidad de ocuparse de los familiares viudos. Noemí vio el resplandor de la esperanza y creó un plan. Indicó a Rut que se pusiera guapa y fuese a la era donde se encontraba Booz.

Rut escuchó a Noemí y dio un paso de fe, acercándose a Booz con cuidado y con humildad como su "pariente redentor". Muchos años antes, Dios hizo provisión para las viudas mediante sus parientes. El pariente redentor debía ocuparse de casarse con la persona viuda que hubiese en su familia. Dios proveyó para Rut y Noemí, pero ellas tenían que dar algunos pasos de acción.

¿Cuáles son sus posibilidades? ¿Puede usted ver un nuevo plan de acción en potencia como forma de ajustarse a los cambios de su plan original? Quizá necesite conseguir un empleo o encontrar un nuevo lugar donde vivir, o quizá deba encontrar una escuela diferente para las necesidades especiales de su hijo. Pida a Dios en oración que abra sus ojos a los siguientes pasos que usted debe dar. Busque su guía a medida que Él le dirige por el camino en que debería usted ir. No se preocupe por lo que ocurrirá dentro de tres días o por cómo pasará futuras vacaciones; solamente dé un paso hacia la dirección en la cual Él le está dirigiendo ahora.

Ore sinceramente y con expectación a medida que busca la dirección de Dios. Lo contrario de buscar la dirección de Dios es avanzar orgullosamente por sí misma. ¡Es muy fácil hacerlo! Muchas de nosotras tendemos a querer ir adelante con nuestras ideas, pensando que lo tenemos todo solucionado. Esa mentalidad ambiciosa, de pensar que así tiene que suceder, se cuela fácilmente en nuestra forma de vivir y de tratar los desafíos. Escojamos pasar tiempo buscando primero la dirección de Dios, y después demos humildemente esos primeros pasos hacia delante. Puede que no tenga usted en mente el plan completo, pero siga la guía de Dios a medida que Él abra puertas y proporcione oportunidades. Él le da guía mediante su Palabra, mediante el consejo sabio, y hasta mediante las circunstancias.

Parte del nuevo plan puede que también incluya soltar la necesidad de vengarse de alguien o de hacer justicia. ¿Está dispuesta a confiar en que Dios traiga justicia a la situación? Hablaremos más concretamente sobre el perdón en el capítulo 6. Dios puede que no le guíe por un camino fácil, y quizá necesite confiar en Él paso a paso, pero Él nunca le abandonará ni le dejará. Él estará caminando al lado de usted a medida que pasa a un nuevo plan. Como dice la frase: "Donde Dios dirige, Él provee".

Aparte sus ojos del pasado

A medida que comenzamos a salir de la rutina y avanzamos hacia lo que Dios tiene por delante, es importante que quitemos nuestro enfoque de las heridas y los errores del pasado. Vendrán a su mente de vez en cuando pensamientos y recordatorios de su dolor, o de su decepción, o de cómo podrían haber sido las cosas. Es momento de dejar atrás los lamentos y dirigir sus ojos hacia lo que Dios está planeando para el resto de su vida.

El apóstol Pablo nos ofrece un buen ejemplo. Él podría haber escogido vivir en su pasado, revolcándose en el lamento por sus anteriores años de perseguir a los cristianos, pero escogió mirar hacia delante. Esto es que les dijo a los filipenses: "Más bien, una cosa hago: olvidando lo que queda atrás y esforzándome por alcanzar lo que está delante, sigo avanzando hacia la meta para ganar el premio que Dios ofrece mediante su llamamiento celestial en Cristo Jesús".[8]

Jesús mismo utilizó un ejemplo sobre no mirar atrás cuando habló sobre la venida del reino de Dios, diciendo: "¡Acuérdense de la esposa de Lot!".[9] ¿Recuerda a la esposa de Lot? Ella fue la mujer en el Antiguo Testamento que se convirtió en una estatua de sal porque miró atrás a su vieja vida que se convertía en humo. Ahora bien, no creo que Dios vaya a convertirnos en estatuas de sal si echamos una mirada al recuerdo, pero sí que creo que nos estancamos si continuamos aferrándonos a viejos sueños cuando es momento de avanzar. Si nos quedamos estancadas en aferrarnos a nuestro pasado, somos ineficaces para el aquí y ahora.

Ya sea que esté tratando con un divorcio, una herida o una pérdida, tiene usted elección: puede quedarse en lo que podría haber sido y en sus sueños pasados, o puede recordar a la esposa de Lot y avanzar a lo que sigue. Un "talento" que tenemos como mujeres es poner una y otra vez la cinta de "Estoy herida" en nuestra mente. *Ellos hirieron mis sentimientos. Él arruinó mi vida. Ella fue grosera conmigo. Dios no me escuchó.* Una vez que se ha dolido por una herida o una pérdida, es momento de dejar de revivir el dolor y de poner el video en su mente una y otra vez. De nuevo, esto requiere perdón, pero tenemos un Dios amoroso que puede darnos la fortaleza para perdonar. Busque la ayuda de Él cuando no pueda llegar al punto de perdonar.

La única ocasión en que la Escritura nos dice que miremos atrás es cuando estamos recordando lo que Dios ha hecho. Se dijo a los israelitas que pusieran marcas y memoriales para recordar por dónde los había llevado Dios. También nosotras debemos reflexionar en la bondad de Dios y reconocer todo lo que Él ha hecho, en lugar de reflexionar en nuestra vida en el pasado y desear que aún estuviera ahí. Para vivir apasionadamente la vida que no planeamos, debemos dirigir nuestros ojos hacia arriba en lugar de hacia atrás, a fin de avanzar.

El poder de mirar hacia arriba

El misionero David Miner Stern se hundió en una profunda tristeza por la muerte de su joven hija. Por mucho que lo intentase, David no parecía poder sobreponerse a su gran tristeza, aun cuando era cristiano y conocía el cuidado de Dios. En su depresión, visitaba la tumba de su hija cada día. Tenía un bastón que usaba para tocar el pedazo de sueño que había sobre su ataúd, y de alguna manera eso parecía darle una pequeña medida de consuelo, ya que le hacía sentir como si tuviera un ligero contacto con ella. La opresión de su tristeza era tan severa que él temía que debería renunciar a su papel como misionero. Pero Dios, en su misericordiosa manera, le trajo alivio.

Un día, mientras estaba en la tumba, David comprendió de repente lo equivocado que era que él fijase su atención en el cuerpo muerto de su hija. El Espíritu Santo comenzó a grabar en su mente lo que Jesús le dijo al ladrón mientras estaba muriendo en la cruz: "Hoy estarás conmigo en el paraíso".[10] La verdad del pasaje comenzó a transformar su modo de pensar, y comenzó a repetir las palabras "con Cristo en el paraíso" una y otra vez mientras regresaba a su casa.

Su mente se abrió a la bendita realidad de que su hija estaba con Jesús. Se hizo la pregunta: ¿Qué más podría yo querer para un ser querido que eso?". Ese consolador pensamiento le permitió regresar a sus obligaciones misioneras con gozo. En lugar de seguir pensando en su hija en la tumba, la imaginó segura en la presencia de Jesús.[11]

Por la gracia y el poder de Dios, también nosotras podemos ver nuestras circunstancias de forma diferente. Es momento de soltar ese viejo sueño y caminar de la mano con el Señor hacia un lugar nuevo y distinto. Con nuestros ojos mirando hacia arriba, podemos captar una vislumbre de un sueño mejor. Más importante, mientras miramos a Cristo, se nos recuerda su gran amor consolador, el cual puede suavizar el dolor y darnos fortaleza para avanzar.

UN PASO ADELANTE

 PUNTOS

- Duélase por la pérdida de un sueño, pero no se quede en ese dolor.
- La autocompasión, la queja y la murmuración no tienen valor redentor.

- Permita que Dios le brinde consuelo en su quebrantamiento.
- Reconozca la decepción, y experimente la tristeza.
- Vea el cuidado de Dios, y dele gracias por su provisión.
- Cree un nuevo plan, y dé un paso hacia delante.
- Aparte sus ojos del pasado, y deje de revivir su dolor.

PASAJE: HABACUC 3:17–19

Aunque la higuera no dé renuevos,
  ni haya frutos en las vides;
aunque falle la cosecha del olivo,
  y los campos no produzcan alimentos;
aunque en el aprisco no haya ovejas,
  ni ganado alguno en los establos;
aun así, yo me regocijaré en el SEÑOR,
  ¡me alegraré en Dios, mi libertador!
El SEÑOR omnipotente es mi fuerza;
  da a mis pies la ligereza de una gacela
  y me hace caminar por las alturas.

ORACIÓN

Glorioso y amoroso Padre celestial, tú eres mi fortaleza cuando soy débil y mi esperanza cuando todo parece perdido. Cuando estoy desesperada, tú conoces mi dolor y ves mi tristeza. Ayúdame a tratar mi tristeza; sostenme mientras lloro. Por favor, seca mis lágrimas, y dirígeme hacia un nuevo plan. Guía mis pasos. Oh Padre, ayúdame a perdonar, pues tú eres el gran Perdonador. Mantén mi enfoque en ti, y no me permitas quedarme en el pasado. Mi deseo es avanzar contigo mientras tú me diriges y hasta me cargas cuando es necesario. Gracias, Señor, por tu presencia continua en mi vida. En el nombre de Jesús, amén.

 PLAN

1. Escriba varias palabras que describan su decepción o tristeza personal.

   _____

   _____

   _____

   _____

   _____

2. Tome un momento para orar y decirle a Dios cómo se siente. Pida su sanidad y su ayuda.

3. Escriba al menos una forma en que vea la ayuda de Dios en su vida en este momento y dele gracias por ello.

   _____

4. Busque la guía de Él en un paso que usted pueda dar para avanzar.

5. Escriba un paso (aun si es pequeño) que dará para avanzar.

   _____

   _____

   _____

   ¿Cuándo dará ese primer paso? _____

La preocupación es una delgada corriente de temor que discurre por la mente.
Si se le estimula, forma un canal en el cual desembocan todos los demás pensamientos.

Arthur Somers Roche

3

Preocupación y posibilidades

Conquistar las ansiedades y los temores que dominan su mente

Busqué al SEÑOR, y él me respondió;
me libró de todos mis temores.
Radiantes están los que a él acuden;
jamás su rostro se cubre de vergüenza.

Salmo 34:4-5

Jane y su esposo, Mark, esperaban a que el doctor entrase en la sala preoperatoria para hablar con ellos antes de la cirugía. Había de ser una histerectomía normal, y ya era momento. Jane había soportado años de "problemas de mujeres" y dolor, así que a la edad de cuarenta y cinco años, ¡ella sencillamente estaba preparada para librarse de las tuberías! Mark y Jane tenían una hermosa hija de diez años, y aunque por años habían intentado tener más hijos, reconocieron que era momento de avanzar con sus vidas y ser agradecidos por lo que Dios les había dado.

Mientras Jane estaba en la camilla en la sala preoperatoria, el doctor entró y dijo: "Bien, tengo una buena noticia y una mala noticia. La mala noticia es que no podemos hacer esta operación. La buena noticia es que está usted embarazada". ¡Embarazada a los cuarenta y cinco años! Justamente cuando Jane y Mark pensaban que tenían la vida encauzada, entraron en una vida que no habían planeado. Desde luego, Jane y Mark se quedaron extasiados, pero sí tenían sus preocupaciones.

¿Cuáles eran los riesgos en que una mujer de mediana tuviera un bebé? ¿Cuáles eran los riesgos para el bebé? ¿Cómo tendría ella la energía para cuidar de un recién nacido? ¿Cómo sería para Mark y Jane ver a su hijo graduarse en la universidad cuando tuvieran sesenta y tantos años? ¿Qué sería para el niño tener padres tan mayores? Mark y Jane también habían calculado su presupuesto para los siguientes años; y un nuevo bebé y otra educación universitaria no había figurado en el cuadro. Sus cabezas daban vueltas con muchas probabilidades y preocupaciones.

Mark y Jane comprendieron que era una oportunidad para confiar en Dios. Caminaron en fe, orando continuamente por el cuidado de Dios sobre Jane y la salud del bebé. El embarazo y el parto fueron bien, y ahora son los orgullosos padres del precioso Luke. Jane ha tenido un tremendo sentido del humor y una actitud positiva a lo largo de toda la aventura. Ha vuelto a ser la mamá de un niño preescolar con gozo y expectativa. Jane, que es escritora, también ha sido una tremenda fuente de aliento para muchas otras mujeres que son mamás en la mediana edad.[1]

Jane dice: "Aunque esta no es la vida que habíamos planeado, no podríamos ser más felices con nuestro niño milagro sano, feliz, y lleno de alegría. Seguimos mirándolo y preguntándonos cuándo vendrán a recogerlo sus padres. En la vida, la flexibilidad es de suma importancia. Damos gracias a Dios por Luke a la vez que le pedimos sabiduría en todas las nuevas decisiones que tomamos cada día". En cuanto a las preocupaciones acerca del futuro, ellos han seguido confiando en Dios y viendo su mano obrar.

El pequeño Luke fue una sorpresa para Mark y Jane, pero no fue una sorpresa para Dios. Dios tiene un emocionante plan para Luke al igual que un nuevo capítulo en las vidas de su papá y su mamá.

Las incertidumbres surgen en circunstancias felices al igual que en las trágicas, y la preocupación tiende a dominar nuestros pensamientos si se lo permitimos. Como mujeres que deseamos vivir apasionadamente la vida que no planeamos, debemos escoger deliberadamente alejarnos de un patrón de preocupación y enfocarnos, en cambio, en las vagas ideas de esperanza que Dios proporciona a lo largo del camino. No tenemos garantía de que nuestra situación vaya a resultar exactamente como nosotras queremos. El único hecho del que podemos estar seguras es de la presencia de Dios, a pesar de lo que suceda.

Preocupación contra responsabilidad

Cuando la vida produce cambios inesperados, tendemos a experimentar ansiedad y desesperación. El temor a lo desconocido engendra preocupación con mayor rapidez de lo que usted puede decir: "¿Pero cómo llegué hasta aquí?". Hablando personalmente, dada cualquier circunstancia, yo puedo pensar en todas las posibilidades y escenarios negativos que podrían producirse. ¿Y usted? ¿Alguna vez comienza a pensar: *¿Y si sucede esto?* Seamos sinceras: muchas de nosotras estamos bastante dotadas para quedarnos en las posibilidades negativas en nuestro cerebro. Es increíble cuánto tiempo y capacidad cerebral desperdiciamos en la preocupación y el temor.

¿Qué le preocupa en este momento? Piense en ello por un instante. Puede que esté preocupada por cómo disciplinar a sus hijos, o cómo va a decirle a su esposo de la abolladura en el auto, o dónde irán de vacaciones. O quizá esté preocupada por asuntos mucho más importantes de la vida, como por ejemplo, cómo van a pagar la renta el próximo mes, o cómo se ocupará de un padre anciano, o cómo ayudará a una amiga a cuyo hijo le acaban de diagnosticar cáncer. Las ansiedades vienen de todo tipo y tamaño, y la mayoría de ellas nacen de una preocupación verdadera.

Aunque los pensamientos de preocupación surgen en nuestra mente continuamente, no tenemos por qué permitirles que se queden ahí y se conviertan en temor hecho y derecho. Realmente podemos utilizar la angustia inicial como un catalizador para comenzar a pensar en nuestros siguientes pasos y en el proceso

41

de resolución del problema. Una planificación adecuada es, con frecuencia, el resultado de una preocupación sana acerca de una situación potencialmente difícil. Un cambio en las circunstancias, un desafío inesperado, o un plan interrumpido pueden ser la incubadora para las *decisiones responsables* o para la *ansiedad estresante*. Nosotras escogemos cuál de ellas permitiremos que crezca.

Sinceramente, algunas personas se inclinan tanto al extremo de no preocuparse que lanzan por la borda todo razonamiento. Permita que le dé un ejemplo. El esposo de Tina (no es su nombre real) sencillamente no trabaja. Ha tenido varios trabajillos, pero prefiere quedarse sentado todo el día leyendo y jugando a juegos en la computadora. Tina trabaja la jornada completa, pero no gana lo suficiente para sostener a su familia. Las facturas de acumulan, pero la respuesta de su esposo es: "No te preocupes; sólo necesitamos confiar en Dios". Obviamente, él tiene un concepto erróneo de confiar en Dios y vivir sin preocupación. Su campaña de vivir libre de preocupaciones es sólo una excusa para la irresponsabilidad.

A Tina, por otro lado, le consume la preocupación. Ella está abrumada por las facturas y el temor por el futuro de su familia. Su ansiedad está a un nivel tan elevado que sus pensamientos y sus conversaciones están dominados por la preocupación, el enojo y la frustración. Aunque ella es la responsable de los dos, le está resultando difícil ver alguna esperanza o solución. Y entregarle su temor al Señor es lo último que quiere hacer, porque ve dónde les ha llevado el ejemplo de su esposo y siente que estaría cediendo responsabilidad si liberase a Dios su preocupación. La mente de Tina está cerrada a posibilidades y soluciones a la vez que vive en la oscuridad del temor y la esperanza perdida.

Se sorprendería usted de cuántas familias son parecidas en algunos aspectos a la de Tina. Mientras uno de los cónyuges se inclina hacia una falta de responsabilidad, el otro avanza a un modo frenético de preocupación y tensión. Yo uso los dos extremos en el hogar de Tina para ilustrar la necesidad de encontrar un punto de preocupación razonable y actos positivos en el centro de circunstancias difíciles. ¿Cómo tomamos nuestra tendencia a preocuparnos y la convertimos en una oportunidad para avanzar?

Pensamientos dominantes

La preocupación es un estado mental ansioso e inquieto edificado sobre suposiciones acerca de lo que podría suceder en una situación dada. Por otro lado, la responsabilidad es una preocupación sana acerca de circunstancias o situaciones que conduce a pasos positivos de acción. La responsabilidad y la planificación cuidadosa pasan a ser ansiedad cuando el temor domina nuestros pensamientos. Cuando nos enfrentamos a desafíos nuevos, tenemos la oportunidad de decidir si caminaremos en sabiduría o nos ahogaremos en un mar de ansiedad.

Considere las palabras de Jesús sobre la preocupación en su famoso Sermón del Monte: "Así que no se preocupen diciendo: '¿Qué comeremos?' o '¿Qué beberemos?' o '¿Con qué nos vestiremos?'". Porque los paganos andan tras todas estas cosas, y el Padre celestial sabe que ustedes las necesitan. Más bien, busquen primeramente el reino de Dios y su justicia, y todas estas cosas les serán añadidas. Por lo tanto, no se angustien por el mañana, el cual tendrá sus propios afanes. Cada día tiene ya sus problemas".[2]

Observe que Jesús describió la preocupación diciendo que los paganos andan tras todas esas cosas; pero como seguidoras de Cristo, nosotras tenemos una opción diferente a permitir que el temor y la ansiedad tomen el control en nuestro corazón y nuestra mente. Podemos buscar a Dios y mirarlo a Él para obtener nuestra provisión. También podemos reconocer que, aunque podemos hacer nuestros propios planes, los resultados finales están en manos de nuestro amoroso Dios. Cuando las personas afrontan momentos difíciles, la diferencia entre quienes siguen a Cristo y quienes no lo siguen está en que los seguidores de Cristo tienen la oportunidad de experimentar paz y consuelo al confiar en un Dios amoroso. Umm... ¿cree usted que el mundo ve una evidencia de nuestra confianza en Dios? ¿O nos ve el mundo dominadas por nuestros temores, al igual que todos los demás?

A lo largo de la Biblia encontramos a grandes *guerreros* de Dios que comenzaron siendo personas muy *preocupadas*. Sin embargo, en cada caso vemos la misma respuesta a sus preocupaciones. Al igual que Jesús nos dijo en el Sermón del Monte, la cura para la preocupación es buscarlo a Él, confiar en Él, y permanecer en Él. En la realidad, eso no es algo fácil de hacer. ¿Se ha encontrado alguna vez diciendo algunas de las frases siguientes?

- "¡No puedo hacerlo! Yo no tengo lo que se necesita."
- "¡Estoy abrumada! ¿Cómo podré lograr esto?"
- "¡Estoy asustada! No sé lo que va a suceder."

Visitemos tres ejemplos en la Biblia donde esas mismas preocupaciones surgieron, y veamos lo que Dios quiere enseñarnos acerca de nuestras propias tendencias a preocuparnos.

¡No puedo hacerlo! – Luchar con sentimientos de insuficiencia

Viaje conmigo al Antiguo Testamento. El lugar es el monte Sinaí, el cual la Biblia llama el monte de Dios. Moisés se acerca a una zarza ardiente, y allí se encuentra con un Dios santo. Dios dirige a Moisés a regresar a Egipto, hablar con Faraón, y sacar a los israelitas de Egipto. ¿Cuál fue la respuesta de Moisés? "¿Y quién soy yo para presentarme ante el faraón y sacar de Egipto a los israelitas?". Dios con seguridad le responde: "Yo estaré contigo".[3]

¿Cuándo fue la última vez que sintió que Dios le guiaba a hacer algo que usted pensaba que no podía hacer? O quizá se viese empujada a circunstancias para las cuales no se sentía equipada. Cuando nuestras vidas dan un giro inesperado, también nosotras podemos escuchar la suave y a la vez fuerte voz de Él diciendo: "Yo estaré contigo". Ahora bien, sería estupendo si esas palabras eliminasen por completo todos nuestros sentimientos de insuficiencia, ¿verdad? Desgraciadamente, los pensamientos negativos y el "qué pasará si..." pueden seguir colándose en nuestra mente aun cuando sabemos que Dios está con nosotras.

Moisés batalló con la preocupación, tal como vemos cuando siguió poniendo excusas a Dios. "¿Y qué hago si no me creen ni me hacen caso? ¿Qué hago si me dicen: 'El Señor no se te ha aparecido'?".[4] Moisés estaba pensando en algunas excusas bastante buenas, ¿no es cierto? Él era casi tan bueno como usted y yo para pensar en oportunidades de preocuparse. Dios respondió mostrando su poder al transformar la vara de madera de Moisés en una serpiente viva y luego otra vez en vara, al igual que haciendo que su mano tuviera lepra y luego sanándola.

Aun después de ser testigo de esos increíbles milagros de primera mano, Moisés siguió rogando al Señor: "Señor, yo nunca me he distinguido por mi facilidad de palabra... Y esto no es algo que haya comenzado ayer ni anteayer, ni hoy que te diriges a este servidor tuyo. Francamente, me cuesta mucho trabajo hablar".[5] Moisés puede que cuestionase a Dios porque ese no era el plan que Moisés tenía para su vida. No es tan distinto a lo que nosotras pensamos a veces, ¿cierto? Puede que protestemos: "Pero yo nunca he sido buena para...", o "Yo siempre pensé que sería...". A veces, Dios nos llama a un nuevo territorio y a una tarea que estira nuestras capacidades, y no es el plan seguro que nosotras teníamos en mente. Sin embargo, cuando somos sacadas de nuestra zona de comodidad es cuando podemos ver a Dios obrar muy por encima de lo que nosotras podemos hacer por sí solas.

Dios respondió el pretexto de Moisés diciendo: "¿Y quién le puso la boca al hombre?... ¿Acaso no soy yo, el SEÑOR, quien lo hace sordo o mudo, quien le da la vista o se la quita? Anda, ponte en marcha, que yo te ayudaré a hablar y te diré lo que debas decir".[6] De nuevo, oímos la seguridad que Dios da de su presencia, y esta vez alienta a Moisés haciéndole saber que Él le guiará. Querida hermana, ¿cree que el Dios que la creó puede equiparla para el camino que tiene por delante, aun si es un camino desagradable? A lo largo de la Escritura se nos recuerda que Dios puede darnos "la ligereza de una gacela".[7] En otras palabras, Dios hace que nuestros pasos sean seguros en nuestros nuevos viajes con Él, al igual que Él equipa a las gacelas para subir por montañas rocosas y peligrosas.

Ahora bien, usted pensaría que después de que Dios le diera a Moisés seguridad tras seguridad, Moisés estaría listo para aceptar la tarea que tenía delante. ¡No! Él continuó: "Te ruego que envíes a alguna otra persona".[8] En ese punto, Dios se enojó con Moisés y le dijo que enviaría junto con él a su hermano Aarón. La buena noticia es que, después de toda la preocupación de Moisés, Dios siguió usándolo de forma poderosa e importante. Moisés no se quedó en una rutina de preocupación; avanzó en fe, y con cada paso adelante, su fe aumentó.

¿Qué podemos aprender de Moisés y sus grandes preocupaciones? Claro, Moisés batalló con sentimientos de insuficiencia, pero le habló a Dios sobre sus temores. Después escogió seguir adelante en fe paso a paso. De la misma manera, cuando seamos consumidas por sentimientos de insuficiencia o cuando sintamos que la tarea es demasiado para nosotras, escuchemos la tierna voz de Dios diciendo: *Yo estoy contigo. Yo te creé y te daré todo lo que necesitas.* Cuando estamos enfocadas en la presencia de Dios, podemos contarle nuestras preocupaciones.

A medida que le entreguemos nuestras preocupaciones a Dios, debemos seguir adelante en fe. Moisés pasó de ser un guerrero a ser un hombre usado por Dios, y él es considerado uno de los grandes padres de nuestra fe. No se desaliente por sus preocupaciones; entrégueselas a Dios, y continúe avanzando en fe —paso a paso—, y después observe lo que Dios puede hacer.

Me encanta lo que David escribió en los Salmos acerca de la importancia y los beneficios de confiar en Dios:

> Confía en el Señor y haz el bien;
> establécete en la tierra y manténte fiel.
> Deléitate en el Señor,
> y él te concederá los deseos de tu corazón.
>
> Encomienda al Señor tu camino;
> confía en él, y él actuará.
> Hará que tu justicia resplandezca como el alba;
> tu justa causa, como el sol de mediodía.
>
> Guarda silencio ante el Señor,
> y espera en él con paciencia;
> no te irrites ante el éxito de otros,
> de los que maquinan planes malvados.

¡Estoy abrumada! — Cuando ya no sabe qué hacer

El sentimiento de estar abrumada puede llegarnos desde muchos ángulos distintos. Puede que tengamos un día en que los problemas del trabajo, las actividades de los niños, y las responsabilidades del hogar se acumulen a la vez, ¡y nos sintamos con ganas de gritar! Los sentimientos abrumadores pueden llegar cuando las dificultades se amontonan un día, o pueden llegar cuando sucede lo inesperado. Un acontecimiento no planeado o una crisis inmediata pueden fácilmente llevarnos a un estado abrumador y a preocuparnos por cómo vamos a sobrevivir. Garantizado: algunas personalidades son por naturaleza más calmadas, mientras que otras enseguida se agotan; pero todas somos vulnerables a tener sentimientos abrumadores a veces.

Ese fue el caso en el hogar de Marta y María. Cuando Jesús y los discípulos llegaron de visita, la casa hervía de actividad. "¿Dónde se sentarán todos? ¿Cómo voy a alimentarlos a todos?" probablemente fueron preguntas que se agolpaban en la mente de Marta, ya que era ella la hermana con una mente más práctica. María, por otro lado, escogió sentarse a los pies de Jesús y oír sus maravillosas palabras de sabiduría y de verdad, pensando que los detalles podían esperar. La actitud de María no sentó bien a Marta.

Ya que Marta no tenía ningún supermercado cercano, alimentar a un grupo grande de personas era una gran tarea. Jesús sabía de alimentar a multitudes, porque recientemente había alimentado a cinco mil con sólo unos panes y algunos peces.[10] Irónicamente, encontramos a Marta en la cocina sintiéndose agotada por una tarea que Jesús podría haber escogido manejar en un sólo instante.

Marta permitió que su frustración llegase al máximo. Exasperada, interrumpió a Jesús y señaló a María: "Señor, ¿no te importa que mi hermana me haya dejado sirviendo sola? ¡Dile que me ayude!".[11] Es divertido que ella pensase que María sería la respuesta a sus problemas, cuando Jesús estaba allí sentado. ¿Es usted culpable, tal como yo, de señalar con el dedo a otra persona para que arregle la situación, cuando deberíamos mirar a Jesús y encontrar ahí nuestra paz?

Me pregunto si María escogió sentarse a los pies de Jesús porque era bien consciente de que Él recientemente había alimentado a multitudes. Quizá escogió descansar en saber que Él podía manejar la situación si fuese necesario. Cuando nuestros corazones y nuestras mentes están llenos del conocimiento de lo que Dios puede hacer, tenemos un renovado sentimiento de paz. En lugar de culpar a otros o intentar lograrlo todo por nosotras mismas, puede que necesitemos detenernos y escuchar al Señor. La respuesta de Jesús a la exasperación de Marta nos ofrece una lección también a nosotras: "Marta, Marta... estás inquieta y preocupada por muchas cosas, pero sólo una es necesaria. María ha escogido la mejor, y nadie se la quitará".[12]

Marta tiene que tomar una decisión. ¿Confiará en Dios, o confiará en su propio trabajo y capacidad? El resto de la historia no se nos revela, pero me gustaría que estuviera. Me pregunto si Marta decidió detener su actividad y sentarse a escuchar al Maestro. Me pregunto si después de que Jesús terminase de enseñar, le dijo a María que ayudase a Marta. Desde luego, por otro lado, me pregunto si Él sencillamente escogió partir el pan y alimentó milagrosamente a todos como había hecho anteriormente. Cualquier cosa que sucediese, sí aprendemos la importancia de sentarnos a los pies de Jesús y escuchar sus instrucciones.

Cuando lleguemos al punto de sentirnos abrumadas y como si no pudiéramos manejar la monumental tarea que tenemos por delante, tomemos un consejo de María y escojamos sentarnos a los pies de Jesús y oír su instrucción. Ese es el lugar donde encontramos paz. Reconozca a Dios por quién es Él: el Dios soberano y Creador de todas las cosas. Él es poderoso para salvarnos.[13] Cuando reconocemos lo que Dios ha hecho en el pasado a medida que leemos su Palabra, nuestra fe aumenta y nuestra preocupación comienza a disminuir. En lugar de poner nuestros ojos en otra persona o culparla, pongamos nuestros ojos de fe en Jesús. Puede que Él envíe a alguien para ayudar, o puede que nos indique cuáles serán nuestros siguientes pasos.

"¡Estoy asustada!" — Afrontar temores inesperados

Vaya flotando conmigo hasta una barca en el Mar de Galilea, una cantidad de agua a 207 metros bajo el nivel del mar y rodeado por colinas. La topografía misma conduce a que haya violentas e inesperadas tormentas, ya que el viento sopla sobre la tierra y se intensifica cerca del mar. A medida que se acerca la noche, Jesús entra en la barca y dice a sus discípulos: "Crucemos al ogro lado del lago". Poco después de haber comenzado el viaje, viene sobre ellos una de esas feroces tormentas. Grandes olas chocan contra la barca, llenándola de agua.

Yo ya me estoy identificando con esta historia; ¿y usted? Es interesante lo rápidamente que las tormentas pueden golpear nuestra vida. Puede que estemos remando alegremente por los agradables viajes de nuestra vida cuando, sin ninguna advertencia, una tormenta lo cambia todo, y sentimos que nos estamos hundiendo con rapidez. ¿Ha estado usted ahí? Quizá haya experimentado varias tormentas pequeñas, o quizá haya pasado por una importante tormenta que marcará su vida para siempre. Cualquiera que sea su tormenta, grande o pequeña, recuerde que Jesús está en la barca con usted.

El Evangelio de Marcos pasa a decirnos que Jesús estaba durmiendo en la parte trasera de la barca con su cabeza sobre una almohada. Los desesperados y frenéticos discípulos le despertaron, gritando: "Maestro, ¿no tienes cuidado de que nos ahogamos?". En medio de su tormenta, puede que usted haya hecho esa misma oración. Supongo que es difícil para nosotras imaginar que Jesús permita que pasemos por la tormenta. "¿No tienes cuidado de que me esté sucediendo esto a mí? ¿Dónde estás? ¿Por qué estás durmiendo?", clamamos al Señor. Aunque parezca que Jesús está durmiendo, Él sí se interesa por su situación, al igual que se interesaba por sus discípulos en la barca.

Jesús se levantó y reprendió al viento, y dijo a las olas:

"¡Calma!". De repente, el viento se detuvo, y hubo una gran calma. Jesús entonces planteó una pregunta a los discípulos: "¿Por qué están tan asustados? ¿Aún no tienen fe en mí?". Yo creo que los discípulos estaban llenos de ansiedad y de temor porque aún no entendían quién era Jesús y lo que Él podía hacer. Después de que Jesús calmara la tormenta, ellos proclamaron: "¿Quién es éste, que hasta el viento y el mar le obedecen?".[14] Jesús, el Hijo de Dios y Creador de todo, estaba en la barca con ellos. Ellos tenían la elección de ser llenos de terror o de confiar en el poder de Dios. También nosotras tenemos la elección de llenarnos de pánico o de orar cuando afrontamos tormentas temerosas e inesperadas. Jesús sí se interesa, y Él está en la barca con nosotras. Él puede que no quite la tormenta, pero puede darnos paz y calma en medio de ella.

En mi forma simplista de ver la vida, me parece que, si Jesús está a cargo de la meteorología, ¿no podría sencillamente haber hecho que la travesía fuese tranquila todo el camino? ¿No habría sido más fácil en la barca y en los nervios de los discípulos sencillamente no pasar por la tormenta y viajar seguramente hasta el otro lado? Sin embargo, ¿cómo podría crecer la fe de los discípulos a menos que experimentasen por sí mismos el poder milagroso de Dios? La tormenta permitió que los discípulos viesen la poderosa mano de Dios obrar. Ellos aprendieron más sobre quién era Jesús y lo que era capaz de hacer por medio de la tormenta, no de la calma. También aprendieron que podían depender de Él a pesar de lo que sucediese, porque sabían que Él podía manejarlo.

Llegarán tormentas inesperadas a nuestra vida. La pregunta es: ¿trataremos de aguantar la tormenta por nosotras mismas en un estado de pánico, o acudiremos primero a Jesús, buscando su paz y su ayuda? Jesús está en la barca con nosotras y nunca nos dejará. A medida que vamos conociendo mejor a Jesús mediante el estudio de la Biblia y la oración, comenzamos a reconocer y confiar en su gran poder y su capacidad para salvarnos.

Me gusta lo que el apóstol Pedro (que era uno de los discípulos en la barca) tiene que decir sobre el poder de Dios en nuestras vidas: "Su divino poder, al darnos el conocimiento de aquel que nos llamó por su propia gloria y potencia, nos ha concedido todas las cosas que necesitamos para vivir como Dios manda. Así Dios nos ha entregado sus preciosas y magníficas promesas para que ustedes, luego de escapar de la corrupción que hay en el mundo debido a los malos deseos, lleguen a tener parte en la naturaleza divina".[15] ¿Ve a Jesús como Aquel que se interesa por usted y puede calmar la tormenta, o lo ve solamente como un hombre en la barca? ¿Quizá como un hombre al que usted visita los domingos en la mañana a veces? A medida que conoce mejor a Jesús y reconozca quién es Él, sus ansiedades comienzan a disminuir y una preciosa paz toma el control.

Ganar la batalla en su cerebro

¿Entendió el tema subyacente en cada uno de los relatos sobre personas preocupadas que se convirtieron en guerreros para Dios? Yo oí la belleza de la amorosa voz de Dios diciendo a Moisés, a Marta y a los discípulos el mismo mensaje: "Yo estoy contigo". Lo oímos en el monte, lo vimos en medio de las ocupadas actividades de Marta, y reconocimos su presencia en la barca con los discípulos. Ahora, amiga mía, le aliento a que oiga la voz de Él susurrando en su oído: "Yo estoy contigo. Confía en mí. Permanece en mí". Es momento de poner nuestros temores a sus pies. Pedro nos recuerda: "Depositen en él toda ansiedad, porque él cuida de ustedes".[16] ¡Supongo que él aprendió eso de primera mano!

El orgullo dice: "Yo mismo puedo manejarlo". El temor dice: "Yo no puedo manejar esto de ninguna manera". La humildad dice: "Mi confianza está en el Señor". Si hemos de prosperar, y no sólo sobrevivir, debemos movernos a un lugar de fe, y no de temor.

Quiero desafiarle a poner sus preocupaciones sobre Él como una rutina cotidiana en su vida, al igual que se cepilla los dientes o se peina el cabello. Para decirlo sinceramente, aunque hace bastante tiempo que he tenido un tiempo de oración diario, nunca había separado un tiempo para entregarle mis temores a Dios. Era casi como si no quisiera reconocerlos, así que sólo dejaba que mis preocupaciones y mis ansiedades quedaran flotando en mi cerebro sin ser molestados. Yo no les hacía nada a ellos, ¡pero ellos sí que me hacían a mí! Mis temores dominaban mis pensamientos y mis actos. Cada mañana, doy un largo paseo. Es mi rato para orar y dedicar el día a Dios. Siempre necesito estirarme antes de caminar; y ahora, mientras me estiro, me propongo reconocer mis temores y entregárselos a Dios. Al igual que el estiramiento y hacer ejercicio es parte de mi rutina cotidiana, igualmente entregarle mis preocupaciones a Él y caminar en oración debería ser también una práctica diaria. Reconocer mis preocupaciones y pedir a Dios que me dé su paz ha sido un buen proceso para mí personalmente. Cuando de forma deliberada miro mis ansiedades y se las entrego al Señor, Él proporciona una calma que solamente puede venir de Él.

Deténgase un instante y piense en las preocupaciones y temores que ha permitido que se queden en su cabeza. ¿Hay un tiempo diario en que usted puede deliberadamente entregar esas preocupaciones a Dios? Pida al Señor que le ayude a ver algunas de esas ansiedades manipuladoras y sigilosas, y después pida a Dios que se lleve esos temores y los sustituya por paz. Personalmente, me sorprende cuántas pequeñas preocupaciones he aceptado y he permitido que se queden en mi mente a lo largo de los años; sin embargo, con la ayuda de Dios, se han reducido.

Debemos reconocer esas ansiedades tal como son: enemigos no deseados. Minan nuestra confianza en Dios y nos alejan de crecer en la fe. La preocupación nos hace prisioneras de guerra, encerradas tras las rejas de nuestros propios temores y dudas. ¿Y si Moisés hubiera permitido que sus temores se apropiasen de su mente y nunca hubiese ido a Faraón? ¿Y si los discípulos hubieran intentado manejar la tormenta por sí solos y nunca hubieran despertado a Jesús? ¿Y si Marta hubiera seguido alimentando sus sentimientos de estar abrumada, guardándoselos en su interior? Podemos imaginarnos qué tipo de explosión se habría producido en su casa, ¿no es cierto, amigas?

Cuando reconocemos este enemigo llamado preocupación y lo sustituimos por buscar a Dios, una paz comienza a llenar nuestras almas. Comenzamos a pensar, a hablar y actuar de modo diferente. Comenzamos a prosperar. Cuando nuestros ojos están en Dios, comenzamos a avanzar en fe y seguimos lo que Dios nos llama a hacer, en lugar de estar enjauladas en la preocupación y el temor. El Comandante supremo de los ejércitos celestiales quiere que le entreguemos nuestras preocupaciones. Puede que no sepamos cuál será el resultado, pero lo que sí sabemos es que él estará con nosotras en las batallas que nos esperan.

Su presencia es nuestra paz. Sólo el hecho de saber que Dios está con nosotros comienza a apaciguar nuestros sentimientos de ansiedad. Ya que a las preocupaciones les gusta regresar a nuestros pensamientos, debemos entregárselas a Él regularmente. Como ya mencioné, yo entrego mis preocupaciones a Dios durante mi rutina diaria de estiramientos. Quizá cuando usted se cepilla los dientes, o lava los platos, o hace la colada. Haga que sea un acto diario reconocer sus temores y pedir a Dios que los sustituya por su paz.

¿Quién puede expresarlo mejor que el apóstol Pablo?

> No se inquieten por nada; más bien, en toda ocasión, con oración y ruego, presenten sus peticiones a Dios y denle gracias. Y la paz de Dios, que

sobrepasa todo entendimiento, cuidará sus corazones y sus pensamientos en Cristo Jesús.

Por último, hermanos, consideren bien todo lo verdadero, todo lo respetable, todo lo justo, todo lo puro, todo lo amable, todo lo digno de admiración, en fin, todo lo que sea excelente o merezca elogio.[17]

Pablo dio a los primeros cristianos un entrenamiento básico en la guerra contra la preocupación. Como ellos afrontaban obstáculos desconocidos y el potencial de la persecución, Pablo quería ayudarles a vivir en paz en lugar de vivir en constante ansiedad. Los alentó a permitir que su fe brillase con fuerza en forma de una paz que sobrepasa todo entendimiento. Al igual que un ejército se identifica por su uniforme, así nosotras, como cristianas, podemos ser identificadas por la paz y el gozo que es evidente en nuestras vidas; aun vidas que han tomado un camino distinto al que habíamos esperado. ¿Qué ve la gente cuando nos mira a usted y a mí? ¿Ven una mujer preocupada, o ven una mujer que camina en confianza? La Escritura nos dice que quienes le miran a Él son radiantes. Con ojos de fe en el Señor, podemos resplandecer con un brillo de tranquila confianza.

UN PASO ADELANTE

 ### PUNTOS

- Los desafíos inesperados son las incubadoras para la preocupación negativa o el cambio positivo.
- Una preocupación sana puede ser el catalizador para ayudarnos a dar pasos positivos hacia delante.
- Una vida libre de preocupación no debería ser una excusa para la irresponsabilidad.

- Cuando se sienta insuficiente, abrumada o temerosa, recuerde que Dios está con usted y le equipará.
- Tome tiempo para apartarse de sus ocupaciones y consultar al Señor.
- Reconozca que Dios se interesa por usted y quiere que usted confíe en Él.
- La preocupación es como un enemigo que nos mantiene en una cárcel y evita que salgamos en fe.
- Cambie su modo de pensar entregando diariamente sus preocupaciones a Dios y sustituyéndolas por pensamientos de esperanza y fe.

PASAJE: SALMO 46:1-11

Dios es nuestro amparo y nuestra fortaleza,
    nuestra ayuda segura en momentos de
    angustia.
Por eso, no temeremos
    aunque se desmorone la tierra
    y las montañas se hundan en el fondo del
    mar;
aunque rujan y se encrespen sus aguas,
    y ante su furia retiemblen los montes.

Hay un río cuyas corrientes alegran la ciudad de
    Dios, la santa habitación del Altísimo.
Dios está en ella, la ciudad no caerá;
    al rayar el alba Dios le brindará su ayuda.
Se agitan las naciones, se tambalean los reinos;
    Dios deja oír su voz, y la tierra se derrumba
El SEÑOR Todopoderoso está con nosotros;
    nuestro refugio es el Dios de Jacob.

Vengan y vean los portentos del SEÑOR;
él ha traído desolación sobre la tierra.
Ha puesto fin a las guerras
en todos los confines de la tierra;
ha quebrado los arcos, ha destrozado las lanzas,
ha arrojado los carros al fuego.
«Quédense quietos, reconozcan que yo soy Dios.
¡Yo seré exaltado entre las naciones!
¡Yo seré enaltecido en la tierra!»
El SEÑOR Todopoderoso está con nosotros;
nuestro refugio es el Dios de Jacob.

ORACIÓN

Grande y glorioso Dios, tú puedes hacer todas las cosas. Tú conoces todas las cosas, y estás en todas partes. Te alabo como Creador del universo y amante de mi alma. Quiero conocerte más. Quiero permanecer en ti y confiar en ti. Es fácil para mí preocuparme, en especial cuando no sé cómo resultarán las cosas. Oh Señor, ayúdame a buscarte a ti primero y a oír tu voz diciendo: *No temas. Yo estoy contigo, querida hija.* Muéstrame y guíame por dónde caminar en fe y no quedar atrapada por mis temores. En el nombre de Jesús, amén.

PLAN

Comience una rutina diaria de entregar sus preocupaciones al Señor. Puede ser mientras lava los platos, o se cepilla los dientes, o conduce al trabajo. Escoja un momento y un lugar y escríbalo aquí:

_____

_____

Son necesarios veintiún días para formar un hábito, así que disciplínese durante veintiún días para llevar a cabo esta rutina. Márquelo en su calendario, para así poder comprobar su progreso.

Querida amiga, a medida que comienza esta nueva rutina de entregar sus preocupaciones al Señor, le aliento a que pase tiempo adorando a Dios cada día por quién es Él y lo que puede hacer. Cuando le alabe y le reconozca como un Dios soberano y poderoso, descubrirá que su confianza en Él aumenta mientras que sus preocupaciones y temores disminuyen.

¡Oh, amor de Dios, cuán fuerte y verdadero!
Eterno, y sin embargo, siempre nuevo;
Que no se comprende ni se compra,
por encima de todo conocimiento y pensamiento.

Horatius Bonar

4

¿Cómo puedo confiar en un Dios que permite el dolor y el sufrimiento?

Profundizar su fe en el Amante de su alma

Porque mis pensamientos no son los de ustedes,
ni sus caminos son los míos —afirma el SEÑOR—.
Mis caminos y mis pensamientos
son más altos que los de ustedes;
¡más altos que los cielos sobre la tierra!

Isaías 55:8-9

Edie conoció a Greg cuando los dos eran alumnos en la Universidad de Missouri. Pronto se casaron, y su preciosa hija, Amanda, nació cinco años después. Greg era el amor de la vida de Edie. Después de quince años de un matrimonio sano y fuerte, a Greg le diagnosticaron una rara forma de cáncer agresivo. Cuatro meses después, Edie estaba organizando su funeral. Ella nunca se imaginó como madre soltera, pero se convirtió en su nueva identidad a la joven edad de treinta y siete años. Edie tenía fuerza y apoyo de su familia y sus amigos, pero lo más importante, fue sostenida por el cuidado de Dios. Estaba triste, pero también sabía que Dios se ocuparía de ella. Aunque no podía entender por qué Dios permitió que eso sucediera, Edie sintió la presencia de Dios en su vida.

Por necesidad, Edie necesitaba obtener algunos ingresos, así que sus amigos le animaron a que tomase unas cuantas clases de técnicas de pintura. Los amigos de Edie sabían que ella tenía ojos de decorador para el color y la textura, así que la presionaron a que explorase y enriqueciese sus talentos a fin de embarcarse en una nueva aventura de negocios. ¡Y ella lo hizo! Su trabajo despegó a medida que la gente reconocía su talento y la contrataba para redecorar las paredes de sus casas. Se convirtió en un trabajo de jornada completa.

Edie era reacia a comenzar a salir; sin embargo, su matrimonio con Greg había sido tan satisfactorio que anhelaba tener de nuevo ese tipo de felicidad; también quería una figura paternal para Amanda. Una fuente de aliento y de alegría para Edie era su equipo de tenis. Ella era, y sigue siendo, una ávida tenista. No mucho tiempo después de la muerte de Greg, su equipo de tenis decidió cambiar de lugar y unirse a un nuevo club, y Edie fue con ellos. Al mismo tiempo, por el plan divino de Dios, un entrenador de tenis llamado Mark decidió aceptar un empleo temporal en ese mismo club.

Lentamente y agradablemente, Mark y Edie se enamoraron. La familia de Mark no sólo aceptó a Edie, sino que también aceptó y quiso a Amanda. Mark no tenía hijos, así que Amanda fue su primera nieta. Cuando Edie y Mark se casaron, Amanda recibió una pareja adicional de amorosos abuelos como extra. Amanda bendijo a Mark tanto como Mark la bendijo a ella. Mark hasta le dirá que él había sido un poco egoísta, viviendo para agradarse a sí mismo, y que, sin embargo, su nueva familia tuvo un potente efecto en él y sirvió como factor de estabilidad y una lección sobre no ser egoísta.

A medida que Dios comenzó a obrar en el corazón de Mark, él entendió que quería aportar a la sociedad y hacer algo importante por los demás. Llamó a su abuelo, que servía en la junta de Providence House Ministries, con base en Denver, Colorado. Providence House ofrece ayuda transformadora basada en Cristo para mujeres sin hogar, que han sufrido abusos o han estado en la cárcel y sus hijos. Su objetivo es ayudar a las mujeres a volver a ponerse en pie en todos los aspectos de la vida. Tienen numerosas casas en Denver, pero Dallas (donde viven Mark y Edie) no tenía ninguna casa de Providence House. Mark se hizo cargo de la inmensa tarea de llevar Providence House Ministries a Dallas. Sucedió milagro tras milagro, y Dios suplió abundantemente para que el ministerio comenzase. Al momento de escribir estas líneas, ¡hay dos casas Providence en la zona de Dallas, y se pueden esperar más en el futuro!

Al reflexionar en la muerte de Greg, Edie dice que puede que nunca llegue a entender por completo por qué Dios permitió que su vibrante y querido esposo (y padre de Amanda) muriese a una edad tan temprana, pero ella ha podido experimentar la provisión de Dios y ver su bendición. Edie sabe que Greg está con el Señor, y ve la increíble mano de Dios en este nuevo y emocionante capítulo de su vida. Explorar su lado creativo, encontrar una nueva y maravillosa familia, e inspirar a un hombre a comenzar un ministerio increíble son algunas de las bendiciones que Edie puede ver a este lado de la tragedia. Lo más importante, Edie dice que pudo demostrar resistencia para su hija a medida que avanzó en fe, confiando en que Dios se ocuparía de ellas.

Quizá se esté preguntando por qué Dios permitió que alguien muriese en lo mejor de la vida. O quizá se esté preguntando: "¿Por qué no responde Dios mis oraciones? ¿Por qué nací de este modo? ¿Por qué no me rescata Dios de mi desgracia?". El problema del dolor y el sufrimiento es una antigua pregunta filosófica. Si Dios es un Dios bueno, amoroso y soberano, ¿entonces por qué permite que haya maldad y dolor en el mundo? De algún modo pensamos que supiéramos por qué sufrimos, podríamos manejarlo mejor. ¿Piensa usted así? Puede que no tengamos el lujo de saber las respuestas en cuanto a por qué sufrimos a este lado del cielo; sin embargo, por extraño que parezca, a veces podemos ver un beneficio en el dolor.

El apologista y escritor cristiano, Norman Geisler, lo desarrolla:

Aun en nuestra limitación, es posible que los seres humanos descubramos algunos buenos propósitos para el dolor, como advertirnos de un mal mayor (un niño sólo necesita tocar una cocina caliente una sola vez para no volver a hacerlo), y para evitar la autodestrucción (nuestras terminaciones nerviosas detectan el dolor para que, por ejemplo, no sigamos agarrando una sartén caliente con nuestras manos). Si seres humanos finitos pueden descubrir algunos propósitos buenos del mal, entonces, sin duda, un Dios infinitamente sabio tiene un buen propósito para todo el sufrimiento. Puede que no entendamos ese propósito en el 'ahora' temporal, pero, sin embargo, existe. Nuestra incapacidad de discernir por qué a veces nos suceden cosas malas no rebate la benevolencia de Dios; meramente saca a la luz nuestra ignorancia.[1]

En este capítulo, no sólo querremos crecer en nuestro entendimiento y confianza en Dios, sino también querremos comenzar darle algún sentido al sufrimiento.

¿Se puede confiar en Dios?

En el Antiguo Testamento leemos de un hombre llamado Job que se encontró batallando por entender el porqué. Su mundo vibrante y fructífero se detuvo en seco cuando Dios permitió que sufriese la pérdida de sus posesiones, sus hijos y su salud. Él no podía entender por qué le sucedía eso, ya que había sido un hombre noble y recto. Los no tan amigos de Job trataron de darle respuestas, apoyándose en lo que ellos creían que era una premisa lógica. Pensaban que el sufrimiento era simplemente un resultado del pecado. Dios finalmente les hizo saber que ellos no hablaban con certeza sobre Él.

Dios respondió amorosamente las inquietantes preguntas de Job. En lugar de explicar las razones por las que Job sufría, Dios amablemente dirigió a Job de regreso a una confianza auténtica en un Dios al que él no podía entender. Dios preguntó a Job: "¿Dónde estabas cuando puse las bases de la tierra? ¡Dímelo, si de veras sabes tanto!".[2] Dios condujo a Job a un entendimiento más profundo de su inmenso poder y omnisciencia. Job finalmente declaró a Dios: "Yo sé bien que tú lo puedes todo, que no es posible frustrar ninguno de tus planes.¿Quién es éste —has preguntado—, que sin conocimiento oscurece mi consejo? Reconozco que he hablado de cosas que no alcanzo a comprender, de cosas demasiado maravillosas que me son desconocidas. De oídas había oído hablar de ti, pero ahora te veo con mis propios ojos".[3]

Debemos preguntarnos: ¿estamos dispuestas a confiar en Dios aun cuando no entendamos sus caminos? Es difícil, lo sé. Respuestas directas serían mucho más agradables. ¿Cómo crecemos hasta el punto de la confianza? ¿Cómo podemos descansar en los brazos de un Dios amoroso cuando no podemos entender por qué Él permite ciertas dificultades? Ciertamente, no podemos conocer todas las respuestas, pero a medida que nos acercamos a Dios, comenzamos a llegar a conocer quién es Él y lo que trata. Desarrollamos una confianza en el Dios que nos ama. En este pasaje sobre Job, observe que dijo que había oído hablar de Dios, pero que ahora le había visto con sus propios ojos. Job pasó de un punto de conocer de Dios a un lugar de experimentarlo verdaderamente.

Job pudo poner su confianza en un Dios al que conocía, y no sólo en uno del que había oído. Lo mismo es cierto con nosotras. Podemos encontrar opiniones de personas sobre Dios en libros, comentarios, editoriales, y hasta sermones los domingos, pero debemos llegar a conocerlo por nosotras mismas. Una búsqueda de la verdad acerca de Dios nos conducirá a un entendimiento de que se puede confiar en Él. Una cosa es saber sobre Dios de manera distante; otra muy distinta es experimentarlo a Él de forma cercana y personal. A medida que le conocemos, nuestros corazones son atraídos a una relación de amor con Él.

San Bernardo de Clairvaux dijo: "Si comenzamos a adorar y a acudir a Dios una y otra vez al meditar, al leer, al orar, y al obedecer, poco a poco Dios se nos da a conocer mediante la experiencia. Entramos en una dulce familiaridad con Dios, y al gustar lo dulce que es el Señor, pasamos a... un Dios amoroso, no por causa de nosotros, sino por causa de Él mismo".[4] Podemos caer en brazos de un Dios al que conocemos y amamos, pero es difícil confiar en alguien a quien no conocemos personalmente.

Como aprendió Job, no podemos entender todos los caminos de Dios, pero hay ciertas cualidades que podemos conocer acerca de Él. ¿Dónde comenzamos nuestro viaje para conocerle a Él? La Biblia nos da vislumbres del Rey del cielo y de sus maravillosos atributos. Las siguientes son algunas de las numerosas cualidades de las que aprendemos sobre Dios como las vemos reveladas en la Biblia. He proporcionado sólo una referencia bíblica para cada atributo, aunque hay muchas otras.

Él es:

> Todopoderoso (Génesis 17:1)
>
> Eterno (Génesis 21:33)
>
> Todopoderoso (2 Crónicas 20:6)
>
> Abundante en fortaleza (Salmo 147:5)
>
> Abunda en amor (Salmo 103:8)
>
> Soberano (Deuteronomio 3:24)
>
> Misericordioso (Salmo 62:12)
>
> Digno de confianza (2 Samuel 22:3)
>
> Nuestro Guardador (Salmo 121:7-8)
>
> Nuestro Proveedor (Mateo 6:26)
>
> Nuestro buen Pastor (Juan 10:11)
>
> Capaz: nada es demasiado difícil para Él (Génesis 18:14)

Yo quiero llegar a conocer a un Dios así, ¿y usted? Ciertamente, si Dios es quien la Biblia dice que es, entonces Él es digno de nuestro respeto, obediencia y, sí, confianza. Considere dónde está usted con Dios en este momento de su vida. ¿Qué cree acerca de Él? No queremos hacer suposiciones sobre Dios; más bien queremos explorar a quien Él afirma que es. A medida que vamos conociendo al Dios de la Biblia, comenzamos a reconocer su permanente amor por nosotras. Él es digno de nuestra confianza. Le aliento a continuar su viaje de comunión con Dios.

Basándome en lo que he aprendido de la Biblia, lo siguiente es lo que yo creo personalmente sobre Dios: creo que Él es un Dios amoroso y compasivo. Creo que envió a su Hijo, Jesús, a morir en la cruz como pago por nuestros pecados. Creo que Jesús resucitó, ofreciéndonos la promesa de la vida eterna en el cielo un día con Él. Creo que Él nos ha dado su Espíritu para vivir en nuestras vidas a fin de ayudarnos, consolarnos y guiarnos a toda verdad. Creo que Él nunca nos dejará. Creo que Él es un Dios soberano que todo lo puede, todo lo sabe, y todo lo ve.

¿Qué cree usted? Tome un momento para escribir su declaración de fe. Piense en por qué cree lo que cree. No sólo deje que lo que ve en la televisión o lo que oye de amigos determina cuál es su propio sistema de creencias. Si cree que hay un Dios, entonces Él legítimamente merece ser investigado. Llegue a conocerlo. Estudie la Biblia y vea lo que tiene que decir sobre Él. Si en última instancia queremos poder confiar en Él, necesitamos llegar a conocer quién es Él. ¿Cómo puede usted confiar en alguien a quien no conoce?

Juan Calvino dijo: "Nuestras vagas ideas de las realidades de Dios serán vagas y confusas hasta que aprendamos de la Escritura a pensar correctamente sobre las realidades de las cuales ya somos conscientes". Y añadió: "A menos que la Palabra de Dios ilumine el camino, la vida entera de los hombres está rodeada de oscuridad y neblina, así que no pueden sino desviarse miserablemente".[5] No queremos vagar sin objetivo en nuestra desgracia o tropezar en la oscuridad sin esperanza simplemente porque no hayamos tomado tiempo para llegar a conocer al Dios de la Biblia. Él es digno de nuestra confianza, y nos invita a tener una relación de amor con Él.

Dar sentido a la desgracia

Desde nuestra perspectiva, las cosas pueden parecer sombrías y lúgubres, ¿pero significa eso que toda esperanza se ha ido o que Dios no nos ama? No, sencillamente significa que no tenemos un entendimiento eterno de lo que sucede. El apóstol Pablo sabía lo que era tener reveses y desafíos y estar limitado. También reconocía que él no tenía todas las respuestas para sus sufrimientos, pero sabía que eran parte de un propósito mayor. Así es como él describió sus desafíos en su ministerio:

> Pero tenemos este tesoro en vasijas de barro para que se vea que tan sublime poder viene de Dios y no de nosotros. Nos vemos atribulados en todo, pero no abatidos; perplejos, pero no desesperados; perseguidos, pero no abandonados; derribados, pero no destruidos. Dondequiera que vamos, siempre llevamos en nuestro cuerpo la muerte de Jesús, para que también su vida se manifieste en nuestro cuerpo. Pues a nosotros, los que vivimos, siempre se nos entrega a la muerte por causa de Jesús, para que también su vida se manifieste en nuestro cuerpo mortal. Así que la muerte actúa en nosotros, y en ustedes la vida...
>
> Por tanto, no nos desanimamos. Al contrario, aunque por fuera nos vamos desgastando, por dentro nos vamos renovando día tras día. Pues los sufrimientos ligeros y efímeros que ahora padecemos producen una gloria eterna que vale muchísimo más que todo sufrimiento.[6]

Según Pablo, hay una razón para nuestro sufrir. Nuestros problemas actuales logran para nosotras una gloria eterna que sobrepasa con mucho al sufrimiento momentáneo que pasamos aquí en la tierra. Por tanto, hay algo mayor sucediendo, un plan eterno, que implica mucho más que nuestro propio mundo personal y nuestra actual vida difícil. Piense en los posibles beneficios (sí, beneficios) de nuestros desafíos y sufrimientos. Ahora bien, le ofrezco esto tiernamente, reconociendo que su dolor puede que sea pesado y su corazón puede que esté tierno. Si está usted en medio de un gran dolor y no puede ver esperanza aún, esta parte puede ser demasiado difícil de leer en este momento. Aunque es cierta, puede que usted necesite reflexionar en esta verdad después de que haya procesado parte del dolor inicial. Por tanto, si está en medio de un grave dolor, le sugiero que se salte esta parte por ahora y luego regrese más adelante, cuando su herida o dolor no sea tan crudo.

Para quienes están listas para oír, la Biblia nos da varias pistas en cuanto a los beneficios de nuestros desafíos. Definitivamente, no estoy intentando dar respuestas simples a su dolor; estoy presentando algunas de las posibilidades para el bien que pueden emerger de los desafíos que afrontamos.

En primer lugar, *las pruebas nos ofrecen la oportunidad de crecer.* Nuestro carácter es edificado y nos hacemos una persona más fuerte mediante los desafíos que hay en la vida. En el libro de Santiago encontramos palabras de aliento hacia las dificultades que afrontamos: "Hermanos míos, considérense muy dichosos cuando tengan que enfrentarse con diversas pruebas, pues ya saben que la prueba de su fe produce constancia. Y la constancia debe llevar a feliz término la obra, para que sean perfectos e íntegros, sin que les falte nada".[7]

En segundo lugar, *las pruebas nos ofrecen la oportunidad de identificarnos con otros y alentarlos.* Pablo dio esperanza a los creyentes que eran perseguidos diciendo: "Alabado sea el Dios y Padre de nuestro Señor Jesucristo, Padre misericordioso y Dios de toda consolación, quien nos consuela en todas nuestras tribulaciones para que con el mismo consuelo que de Dios hemos recibido, también nosotros podamos consolar a todos los que sufren. Pues así como participamos abundantemente en los sufrimientos de Cristo, así también por medio de él tenemos abundante consuelo. Si sufrimos, es para que ustedes tengan consuelo y salvación; y si somos consolados, es para que ustedes tengan el consuelo que los ayude a soportar con paciencia los mismos sufrimientos que nosotros padecemos".[8]

En tercer lugar, *las pruebas nos recuerdan nuestra necesidad del cuidado y la ayuda de Dios.* En lugar de pensar arrogantemente que podemos vivir la vida por nosotras mismas, las pruebas nos hacen regresar a poner nuestra confianza en Dios y buscar su voluntad para nuestras vidas. Escuche las palabras de David:

> El Señor es excelso,
>> pero toma en cuenta a los humildes
>> y mira de lejos a los orgullosos.
> Aunque pase yo por grandes angustias,
>> tú me darás vida;
> contra el furor de mis enemigos extenderás la
>> mano: ¡tu mano derecha me pondrá a salvo!
> El Señor cumplirá en mí su propósito.
> Tu gran amor, Señor, perdura para siempre;
> ¡no abandones la obra de tus manos![9]

En cuarto lugar, *las pruebas con frecuencia nos hacen regresar a nuestro Dios amoroso.* En lugar de permitir que nos apartemos, Dios a veces usa las pruebas en nuestras vidas para atraernos amorosamente a sí mismo. Una vez más leemos en los Salmos:

> Bueno y justo es el SEÑOR;
>   por eso les muestra a los pecadores el camino.
> Él dirige en la justicia a los humildes,
>   y les enseña su camino.[10]

En quinto lugar, *las pruebas son a veces la manera que Dios tiene de disciplinar a sus hijos*. Al igual que un padre amoroso enseña, forma y disciplina a sus hijos, así el Señor hace lo mismo por los que ama. Ciertamente, no todos los desafíos que hay en nuestra vida encajan en la categoría de disciplina del Señor, pero la Biblia nos dice que hay momentos en que el Señor usa las dificultades para disciplinarnos. El escritor de Hebreos dijo:

> Lo que soportan es para su disciplina, pues Dios los está tratando como a hijos. ¿Qué hijo hay a quien el padre no disciplina? Si a ustedes se les deja sin la disciplina que todos reciben, entonces son bastardos y no hijos legítimos. Después de todo, aunque nuestros padres humanos nos disciplinaban, los respetábamos. ¿No hemos de someternos, con mayor razón, al Padre de los espíritus, para que vivamos? En efecto, nuestros padres nos disciplinaban por un breve tiempo, como mejor les parecía; pero Dios lo hace para nuestro bien, a fin de que participemos de su santidad. Ciertamente, ninguna disciplina, en el momento de recibirla, parece agradable, sino más bien penosa; sin embargo, después produce una cosecha de justicia y paz para quienes han sido entrenados por ella.[11]

En sexto lugar, *las pruebas nos permiten, de manera pequeña, participar de los sufrimientos de Cristo*. El apóstol Pedro recordó a los primeros cristianos: "Queridos hermanos, no se extrañen del fuego de la prueba que están soportando, como si fuera algo insólito. Al contrario, alégrense de tener parte en los sufrimientos de Cristo, para que también sea inmensa su alegría cuando se revele la gloria de Cristo".[12]

Ciertamente, esta no es una lista exhaustiva de todas las razones por las cuales podría usted pasar por pruebas. Y no quiero ser como los amigos de Job, quienes parecían pensar que sabían exactamente por qué Job estaba sufriendo. Simplemente quiero señalar que la Biblia nos da algo de perspectiva sobre cómo podemos sacar cierto sentido a las pruebas y por qué Dios las usa a veces en nuestras vidas. Como vimos en la historia de Edie, Dios puede que utilice una experiencia difícil para guiarnos por un camino nuevo y diferente en la vida. Las pruebas ciertamente no indican que Dios nos haya dejado o abandonado; más bien, nos señalan hacia una oportunidad de confiar en Él y verle abrir nuevas puertas.

¿Divina gracia?

El Dr. Paul Lanier era un doctor exitoso, cazador y piloto. Era un hombre sano y vibrante hasta que comenzó a experimentar algunos síntomas físicos curiosos. Como doctor, era bien consciente del terrible sufrimiento que experimentan quienes tienen ALS (la enfermedad de Lou Gehrig), así que puede imaginar su devastación cuando, a los treinta y siete años de edad, recibió el diagnóstico de que él mismo tenía esa enfermedad. Sin embargo, en lugar de vivir con ira hacia Dios, el Dr. Lanier comenzó a explorar lo que Dios quería enseñarle por medio de su sufrimiento. El Dr. Lanier comenzó a escribir sus pensamientos cuando batallaba con el sufrimiento y la pérdida.

A medida que la enfermedad progresaba, él finalmente perdió el uso de sus brazos. Aunque estaba en silla de ruedas, su cuello y sus piernas tenían un ligero movimiento. El Dr. Lanier fue capaz de seguir tecleando con el uso de un lápiz láser atado a su cabeza. Laboriosamente, señaló a una carta que había en la pantalla de su computadora e hizo clic en el ratón que estaba atado a sus rodillas (¡gracias a Dios por la tecnología!). Señalando y haciendo clic, amorosamente escribía las lecciones que Dios le había enseñado por medio del sufrimiento. Al ser anteriormente piloto, el Dr. Lanier había aprendido todo sobre registrar su plan de vuelo en las torres de aviación; sin embargo, su mensaje en la vida se convirtió en un cambio en el plan de vuelo. Con la ayuda de su amigo Dave Turtletaub, escribió un libro con ese título. *Un cambio en el plan de vuelo* es una recopilación de los pensamientos y meditaciones del Dr. Lanier sobre la verdad de Dios y las lecciones que ha aprendido acerca del sufrimiento. Con respecto a la gracia de sufrir, él escribió: "Cualquier cosa que Dios permite que suceda en nuestra vida, sea buena o mala, que mejor nos prepare para encontrarnos con Él a medida que nos acercamos al umbral de la eternidad, solamente puede interpretarse como gracia por parte de Él".[13]

Tome tiempo para meditar en el pensamiento del Dr. Lanier sobre la gracia del sufrimiento. ¿Podría ser que las decepciones o el sufrimiento en la vida sean en realidad una forma de la amorosa gracia de Dios? Si fuera sencillamente yo diciéndole esta verdad mientras estoy sentada agradablemente frente a mi computadora, escribiendo, usted podría cuestionar la veracidad de esa afirmación. Pero cuando la lee desde el punto de vista del Dr. Lanier, escrita desde una silla de ruedas mientras se sufre una de las enfermedades más temidas de la humanidad, sus ojos son abiertos a una nueva realidad de dolor.

Charles Spurgeon, en su maravilloso devocional titulado *Morning and Evening Daily Readings*, aborda el propósito del dolor en esa misma línea. También él ve las pruebas con los lentes de la divina gracia. Aquí vemos la perspectiva de Spurgeon tal como la desarrolla sobre un pasaje de Job:

"Dime qué es lo que tienes contra mí" (Job 10:2).

Quizá, oh probada alma, el Señor está haciendo esto para desarrollar tus virtudes. Hay algunas de tus virtudes que nunca serían descubiertas si no fuese por tus pruebas. ¿Acaso no sabes que tu fe nunca se ve tan grandiosa en el tiempo de verano como se ve en el invierno? El amor con demasiada frecuencia es como una luciérnaga, que muestra poca luz excepto en medio de la oscuridad que la rodea. La esperanza misma es como una estrella; que no se ve en la luz del sol de la prosperidad, y que solamente se descubre en la noche de la adversidad. Las aflicciones son con frecuencia las hojas negras en las cuales Dios incrusta las joyas de las virtudes de sus hijos, para hacerlos brillar mejor. Fue hace poco tiempo cuando, de rodillas, estabas diciendo: "Señor, temo no tener fe; permíteme saber que tengo fe". ¿Acaso no fue eso realmente, aunque quizá inconscientemente, orar por pruebas?; porque, ¿cómo puedes saber que tienes fe hasta que tu fe sea ejercitada? Está segura que Dios a menudo nos manda pruebas para que nuestras virtudes puedan ser descubiertas, y para que podamos tener seguridad de su existencia. Además, no es meramente descubrimiento; el verdadero crecimiento en la gracia es el resultado de las pruebas santificadas. Dios con frecuencia nos quita nuestras comodidades y nuestros privilegios a fin de hacernos mejores cristianos. Él entrena a sus soldados, no en tiendas de comodidad y lujos, sino llamándolos y usándolos para marchas forzadas y duro servicio. Él los hace vadear corrientes, y nadar por ríos, y escalar montañas, y caminar más de una larga milla con pesadas mochilas de dolor sobre sus espaldas. Bien, cristiano, ¿acaso no explica esto los problemas que estás atravesando? ¿No es el Señor

que saca tus virtudes, y las hace crecer? ¿No es la
razón por la cual Él contiende contigo?

Las pruebas hacen dulce la promesa;
Las pruebas dan nueva vida a la oración,
Las pruebas me llevan a los pies de Él,
Llévame, y mantenme allí.[14]

El Amante de nuestras almas

Las palabras de Spurgeon pintan un cuadro más amplio del amor
de Dios y su cuidado por nosotros. Nuestros ojos son abiertos al
deseo de Dios de alentar nuestro crecimiento y nuestra fortaleza.
Él se interesa genuinamente por nuestro desarrollo en la gracia,
y sabe que si nos quedamos en los lujos de la comodidad, no se
producirá ningún crecimiento. Sí, el Dios de toda la creación nos
ama tanto que no nos permitirá quedarnos estancadas.

La siguiente es una analogía personal. Hace unos pocos años,
fui al veterinario a recoger unas medicinas para mi mastín inglés.
Siempre que voy al veterinario, veo una amplia variedad de ani-
males con todo grado de males y heridas. Cuando iba saliendo del
edificio del veterinario, otra mujer se iba con su precioso y a la vez
muy infeliz sabueso. La infelicidad del sabueso se debía al hecho
de que estaba siendo obligado a llevar una pantalla alrededor de
su cuello. No era realmente una pantalla; era uno de esos collares
en forma de cono que evitan que un perro se muerda sus heridas.
¡Seguramente tiene que haber una manera mejor!

Aquel sabueso se chocaba contra todo (puertas, armarios, personas) y se quejaba con cada golpe. Era una imagen triste. Su
dueña me miró y dijo: "¿Puede creer que va a tener que llevar esto
una semana?".

¡Pobrecillo! A mí me parecía que iba a ser una tortura para él
tener que pasar solamente ese día, ¡así que más toda una semana! Su dueña dijo entonces: "Ojalá él supiera que lo lleva para

ayudarle a mejorar. Me gustaría poder decirle que ese plástico es por su mejor interés, y que le estoy haciendo esto porque lo quiero". ¡Le prometo que ella no sabía que yo estaba escribiendo este capítulo!

Hay algunas lecciones en la vida que podemos aprender de nuestro pequeño amigo peludo. Su dueña puso la pantalla al perro para ayudarlo a experimentar la mayor cantidad de sanidad y beneficio. Pero desde la perspectiva del perro, llevar el collar en forma de cono lo más probable es que pareciera cruel. Él no podía entender por qué ella permitía que él sufriera de ese modo; sin embargo, debido a que la dueña amaba al perro, quería lo mejor para él.

El sabueso tenía algunas elecciones en cuando a cómo respondería al collar con forma de cono. Podría haber luchado con él, tratando continuamente de quitárselo; podría haber ladrado y ladrado hasta que los vecinos llamasen a la policía; o podría haberse ajustado al collar y confiar en el amor de su dueña por él. Ciertamente, confiar en la dueña sería lo más difícil de hacer, pero también sería la ruta más agradable para él.

¿Me está siguiendo aquí? Felizmente, nosotras no tenemos que llevar lámparas alrededor de nuestros cuellos, pero sí que tenemos que experimentar situaciones que son incómodas e inesperadas. Cuanto más conocemos al Maestro y su amor por nosotras, más paz y calma podemos experimentar en nuestros viajes. Dios es el amante de nuestras almas, y debido a que nos ama, Él no simplemente nos da cada cosita que nosotras queremos. Él ve nuestras almas a la luz de la eternidad. Él no nos da arreglos rápidos para el aquí y ahora, sino que nos prepara para su reino.

Entendamos aquí el glorioso cuadro. Como creyentes en Cristo, somos parte de la familia de Dios. Él nos ha adoptado amorosamente y nos ha permitido ser participantes de su gracia. Podemos regocijarnos en este maravilloso privilegio en el cual estamos. Podemos escoger ver los puntos difíciles de la vida como crueldad por parte de nuestro Maestro, o podemos confiar en la mano amorosa de Dios y aprender y crecer por esas situaciones. Podemos en realidad llegar al punto (sé que esto puede resultarle difícil de creer) de regocijarnos por los momentos difíciles. Leamos lo que el apóstol Pablo les dijo a los romanos:

> En consecuencia, ya que hemos sido justificados mediante la fe, tenemos paz con Dios por medio de nuestro Señor Jesucristo. También por medio de él, y mediante la fe, tenemos acceso a esta gracia en la cual nos mantenemos firmes. Así que nos regocijamos en la esperanza de alcanzar la gloria de Dios.
>
> Y no sólo en esto, sino también en nuestros sufrimientos, porque sabemos que el sufrimiento produce perseverancia; la perseverancia, entereza de carácter; la entereza de carácter, esperanza. Y esta esperanza no nos defrauda, porque Dios ha derramado su amor en nuestro corazón por el Espíritu Santo que nos ha dado.[15]

¿No es maravilloso? "Porque Dios ha derramado su amor en nuestro corazón". Espero que estas palabras penetren en su espíritu y sean un canto para su alma. ¿Por qué podemos regocijarnos cuando los problemas salen a nuestro encuentro? Porque sabemos lo mucho que Dios nos ama y sabemos que los problemas pueden ayudarnos a crecer. Amiga mía, ¿está convencida de que Dios le ama? Con frecuencia no nos sentimos amadas debido a dificultades, errores y pecados; sin embargo, Dios nos conoce perfectamente a cada una de nosotras. Por eso envió a Cristo, a fin de que pudiéramos ser perdonadas y caminásemos en comunión con Él. A causa de su amor por nosotras, nos redimió.

Disfrute del amor de Dios. A medida que conocemos mejor al Dios de la Biblia, comenzamos a ver a un Dios que se interesa profundamente por su pueblo. Sus cartas de amor a nosotras son inconfundiblemente claras. Él es compasivo y misericordioso, lento para la ira y grande en misericordia.[16] ¡Oh, el gozo de crecer en una relación de amor más profunda con Él! Aunque su vida no haya resultado como usted esperaba y planeaba, con la ayuda de Dios puede encontrar nueva esperanza y propósito a medida que prospera y se enamora de Dios con mayor profundidad. Escuche su tierna voz en este momento susurrando a su oído: *Yo estoy contigo. Confía en mí. Te amo.*

UN PASO ADELANTE

 PUNTOS

- Lo que creemos sobre Dios determina si confiaremos en Él.
- Base su creencia sobre Dios en la Biblia, no en lo que otros dicen o en la opinión de las personas.
- La Biblia nos dice que Dios es soberano, todopoderoso, omnisciente y abundante en amor.
- A medida que crecemos en el conocimiento de Dios, crecemos en el amor y la confianza en Él.
- Las pruebas y los problemas sirven a un propósito mayor en nuestras vidas, con frecuencia por encima de lo que podemos ver en este momento.
- Dios es el amante de nuestras almas. Puede que no entendamos por qué Él permite ciertas situaciones en nuestras vidas, pero podemos confiar en su amor y sus propósitos eternos.

Pasaje: Salmo 103:1-13

Alaba, alma mía, al Señor;
    alabe todo mi ser su santo nombre.
Alaba, alma mía, al Señor,
    y no olvides ninguno de sus beneficios.
Él perdona todos tus pecados
    y sana todas tus dolencias;
él rescata tu vida del sepulcro
    y te cubre de amor y compasión;
él colma de bienes tu vida
    y te rejuvenece como a las águilas.

El Señor hace justicia
    y defiende a todos los oprimidos.
Dio a conocer sus caminos a Moisés;
    reveló sus obras al pueblo de Israel.

El Señor es clemente y compasivo,
    lento para la ira y grande en amor.
No sostiene para siempre su querella
    ni guarda rencor eternamente.
No nos trata conforme a nuestros pecados
    ni nos paga según nuestras maldades.
Tan grande es su amor por los que le temen
    como alto es el cielo sobre la tierra.
Tan lejos de nosotros echó nuestras
        transgresiones
    como lejos del oriente está el occidente.
Tan compasivo es el Señor con los que le
    temen como lo es un padre con sus hijos.

ORACIÓN

Dios soberano, maravilloso Padre celestial, te alabo por tu compasión y tu amor hacia mí. Gracias por tu consuelo y tu cuidado en mis dificultades. Gracias por oír mi oración. Gracias por estar conmigo en este momento. Perdóname cuando te he ignorado. Acércame a ti, y ayúdame a conocer tu amor de manera muy real. Ayúdame a reflejar ese amor en mis relaciones con los demás. En el nombre de Jesús, amén.

 ## PLAN

Establezca un tiempo para encontrarse con Dios cada mañana, aun si es un tiempo breve. Es una oportunidad para que usted esté tranquila y le conozca. Comience su tiempo con alabanza a Dios por quién es Él (use el pasaje anterior del Salmo 103 para ayudarle a pensar en algunos de sus atributos). Confiese sus pecados. Tome tiempo para dar gracias a Dios por su provisión en su vida en este momento. Lo más importante, dele gracias por enviar a su Hijo a ofrecer perdón para nuestros pecados. Entregue a Dios sus temores y sus preocupaciones. A medida que se reúna con Él, le amará y confiará en Él cada vez más. También comenzará a experimentar su amor permanente por usted de una manera muy real.

Escriba una declaración de fe personal basada en lo que ha aprendido sobre Dios en la Biblia.

SEGUNDA PARTE:

Aceptar lo inesperado

Cuando una puerta de felicidad se cierra, otra se abre;
pero con frecuencia miramos tanto tiempo a la
puerta cerrada que no vemos la que se nos ha abierto.

Helen Keller

Al que puede hacer muchísimo más que todo
lo que podamos imaginarnos o pedir,
por el poder que obra eficazmente en nosotros.

Efesios 3:20

Para los sueños rotos la cura es:
Soñar otra vez y más profundamente...

C. S. Lewis

5

La belleza del plan B

Encontrar nuevas posibilidades en nuevos sueños

*Y después de que ustedes hayan sufrido un poco de
tiempo, Dios mismo, el Dios de toda gracia que los
llamó a su gloria eterna en Cristo, los restaurará
y los hará fuertes, firmes y estables.
A él sea el poder por los siglos
de los siglos. Amén.*

1 Pedro 5:10-11

Uno de los grandes gozos de Kathleen en la vida es alentar a mujeres a soñar a lo grande. Una pensaría que alguien con una perspectiva optimista como la de ella estaría viviendo la vida que siempre soñó. No exactamente. Recientemente tuve la oportunidad de oír hablar a Kathleen, y fui totalmente conmovida por su historia. Ella comenzó hablando a la audiencia sobre una relación que le rompió el corazón. Así es como ella lo expresó:

Nunca olvidaré la noche en que recibí la llamada telefónica de un hombre con el que yo pensaba que posiblemente me casaría algún día. Él no tenía palabras fáciles, excepto: "No creo que pueda volver a verte". Todo lo que resultó difícil conseguir, todas las cosas que te dicen que hagas para ayudar a un hombre, me abandonaron cuando las lágrimas comenzaron a caer por mis mejillas y no pude hablar. Sentí como si no pudiera respirar. Musité unas cuantas palabras, colgué el teléfono, me desplomé en el sofá, y lloré, me pareció que toda la noche.

El pensamiento de cumplir los cuarenta años y no estar casada me abrumaba. ¿Por qué, Señor? Cuando era pequeña, con lo único que yo soñaba era con crecer y casarme. ¿Acaso no es eso lo que las niñas sueñan? Durante días sólo quería quedarme en la cama. Llegué a un punto en que sabía que tenía que hacer una elección; ¿iba a estar amargada, o a aprovechar al máximo mi vida? Me vi confrontada a tirar por la borda todo aquello en lo que creía o a aferrarme a todas las verdades que había estudiado y aprendido, y en las que había caminado más de un día. Un corazón roto necesita tiempo para sanar, y fue un proceso diario. Yo no tenía nada de lo que el mundo te dice que te hace feliz: el esposo, la casa o los niños.

Pasaron los días, y gradualmente las verdades bíblicas que yo había estudiado a lo largo de los años comenzaron a darme esperanza de nuevo. La razón subyacente para mi existencia se redujo a mi fe. Dios nunca dijo que la vida sería fácil, pero sí que dijo: "Porque yo sé muy bien los planes que tengo para ustedes… planes de bienestar y no de calamidad, a fin de darles un futuro y una esperanza" (Jeremías 29:11). Yo me aferré a esta verdad.

Sueños rotos… todas los tenemos. Pero Jesús quiere que yo tenga una vida de gozo a pesar de mis circunstancias, una vida de paz a pesar de las tormentas, y una vida que sea completa… aunque esté soltera.

A veces, nuestros corazones están tan establecidos en el plan A que nos perdemos la belleza y el potencial del plan B. Aunque Dios puede que no tenga como propósito el dolor y el sufrimiento para nuestras vidas, un cambio de acontecimientos no le agarra por sorpresa a Dios. Y si confiamos en Él, Él *sacará* bien del dolor. Ver la belleza en nuestro plan B es cuestión de cambiar nuestro enfoque y reconocer que Dios tiene un plan que sobrepasa con mucho nuestra visión. Cuando nuestras vidas cambian o simplemente no van por el camino que nosotras creíamos que irían, podemos escoger disfrutar el desvío o vivir en frustración. Ahora bien, sólo para reiterar, no estoy diciendo que debamos evitar dolernos por la pérdida de nuestros sueños y planes. Es saludable reconocer la pérdida del sueño y dolernos por ello, pero después debemos mirar hacia delante a lo que Dios tiene para nosotras.

Sin importar cuál sea la pérdida, siempre se puede encontrar esperanza. Cuando nuestros sueños cambian, las palabras *nuevo* y *diferente* sustituyen a las palabras *viejo* y *cómodo*. ¿Ha observado alguna vez que cuando compra un producto con la etiqueta de *nuevo*, normalmente ve también la palabra *mejorado*? Yo nunca he visto una botella con la etiqueta "nuevo y peor". Lo nuevo con frecuencia puede ser mejor. De eso trata este capítulo: ¡de la vida "nueva y mejorada" que ahora vive usted! Mediante las decepciones en la vida es como podemos escoger crecer y cambiar para mejor.

Hay belleza que encontrar en el plan B, pero puede que necesitemos abrir nuestros ojos un poco más y cambiar nuestro enfoque a fin de encontrar el tesoro. En este capítulo le daré las herramientas para ayudarle a descubrir el tesoro y a encontrar el gozo en su nuevo viaje. Usaremos las primeras cuatro letras del alfabeto para las herramientas. Supongo que podríamos llamarlo el ABCD de ver el tesoro en el giro que su vida ha dado.

A. Evaluar las posibilidades que Dios ha provisto

Usted se ha dolido por su pérdida, ha dejado a un lado sus preocupaciones, y ha llegado a un punto de aceptar su nueva realidad; ahora es momento de evaluar las posibilidades que hay en su vida. Piense en las puertas que pueden abrirse delante de usted y, sí, hay maravillosas puertas llenas de oportunidades delante de usted. Puede que no haya querido mirarlas; puede que se haya sentido abrumada y no supiera cómo buscarlas, pero ahora es momento de explorar la belleza en la vida que tiene por delante.

Echemos un vistazo deliberado a sus posibilidades. Al comenzar esta aventura explorando el potencial de los nuevos planes para su vida, quiero alentarle a comenzar acercándose a Dios y buscando su sabiduría y su ayuda. El escritor de Hebreos nos anima a acercarnos al trono de la gracia porque tenemos un sumo sacerdote, Jesús, que entiende lo que estamos pasando. "Porque no tenemos un sumo sacerdote incapaz de compadecerse de nuestras debilidades, sino uno que ha sido tentado en todo de la misma manera que nosotros, aunque sin pecado. Así que acerquémonos confiadamente al trono de la gracia para recibir misericordia y hallar la gracia que nos ayude en el momento que más la necesitemos" (versículos 4:15-16).[1]

A medida que evalúa en oración las posibilidades que hay en su vida, quiero alentarle no sólo a acudir a Dios para obtener guía, ayuda y sabiduría, sino también a encontrar una amiga de confianza o familiar que le ayude a mirar de modo objetivo a sus oportunidades. Atentamente y sinceramente, responda las siguientes preguntas, después comparta sus respuestas con alguien que le ofrezca un consejo sabio y piadoso.

¿Cuáles son las cosas buenas que hay en mi vida en este momento?

¿Qué acciones positivas puedo emprender sin descuidar mis compromisos?

¿Qué dones y talentos me ha dado Dios?

¿Cómo podría usar al menos uno de esos dones o talentos de manera nueva y fresca?

¿Qué oportunidades ha puesto Dios en mi vida en este momento? Puede que no sean divertidas o glamurosas, pero escribiré todas las oportunidades que Dios haya provisto.

Si quisiera soñar a lo grande, ¿qué me encantaría hacer con la vida que Dios me ha dado?

¿Qué recursos o conocimiento tengo a mi disposición para lograr esos sueños?

¿Qué recursos o conocimiento necesito obtener a fin de avanzar?

¿Quiénes son las personas que Dios ha puesto en mi vida a quienes pueda bendecir, y quiénes pueden ser una bendición para mí también?

A medida que mira intencionadamente a las posibilidades que hay en su vida, quizá vea una vislumbre de esperanza. El potencial para nuevos sueños existe; sin embargo, con mucha frecuencia las frustraciones y las decepciones nublan nuestra visión, y no reconocemos la puerta abierta a nuevos sueños. Simplemente sobrevivimos cuando escogemos ignorar las oportunidades, pero comenzamos a prosperar cuando miramos con anticipación lo que Dios puede hacer. Evaluar las posibilidades que Dios ha puesto en nuestras vidas finalmente nos conduce a un lugar de experimentar un gozo y una fortaleza renovados.

B. Creer que Él puede traer un nuevo plan maravilloso

Dios trae belleza en lugar de cenizas, calma en lugar de caos, y redención cuando todo parece perdido. Amiga mía, no pierda la esperanza. Puede que en este momento no pueda ver la luz al final del túnel; puede que no sea capaz de soñar o de imaginar que nada bueno pueda salir de su dolor; puede que no sepa qué hacer a continuación, pero quiero ser una voz de aliento para usted con una sencilla palabra: *crea*. El teólogo escocés Marcus Dods dijo: "No hemos de pensar que, donde no vemos posibilidad, Dios no ve ninguna".[2]

Si batalla usted con creer que Dios pueda sacar algo bueno de sus escombros, acérquese a Dios y pídale que le ayude a creer. No será usted la primera en hacer eso. Leemos en el Evangelio de Marcos que cierto hombre llevó a su hijo enfermo a Jesús, buscando sanidad y ayuda. Dijo: "Si puedes hacer algo, ten compasión de nosotros y ayúdanos. —¿Cómo que si puedo? Para el que cree, todo es posible. —¡Sí creo! —exclamó de inmediato el padre del muchacho—. ¡Ayúdame en mi poca fe!".[3]

Nosotras a menudo podemos ofrecer una respuesta parecida: "Señor, quiero creer, pero aún no estoy en ese punto; ayúdame a creer que tienes algo mejor esperando. Abre mis ojos a la belleza de tu plan". Cuando usted hace esa oración, está abriendo su corazón a creer a Dios. Creer a Dios no significa que pueda ver usted la respuesta; de hecho, creer a Dios significa que, aunque no vea usted la respuesta, sigue teniendo fe. Eche un vistazo a la descripción de fe que se encuentra en Hebreos: "Ahora bien, la fe es la garantía de lo que se espera, la certeza de lo que no se ve".[4] La fe no se edifica sobre lo que podemos ver claramente, sino sobre la esperanza de lo que aún no podemos ver. No necesitamos fe si podemos ver el cuadro completo del plan B, pero nuestra fe crece como la mala hierba cuando ponemos nuestra confianza en Dios y creemos que Él se ocupará de nosotras cuando aún no podemos ver el resultado.

La creencia aparta nuestros ojos de los viejos y vagos sueños y los pone sobre el Dios que nos ama. La creencia nos lleva a un lugar de descansar en Dios y confiar en su cuidado por nosotras. La creencia nos permite decir junto con David: "Mi ayuda proviene del SEÑOR, creador del cielo y de la tierra. No permitirá que tu pie resbale; jamás duerme el que te cuida... El SEÑOR es quien te cuida, el SEÑOR es tu sombra protectora".[5] Cuando escogemos creer a Dios, avanzamos; cuando escogemos desesperarnos, nos quedamos en un pozo.

La fe no es sólo una feliz idea para que pensemos en añadirla a nuestra vida; es una parte esencial de nuestro viaje cristiano. La Biblia nos dice: "En realidad, sin fe es imposible agradar a Dios, ya que cualquiera que se acerca a Dios tiene que creer que él existe y que recompensa a quienes lo buscan".[6] Podemos creer que Dios existe, ¿pero también creemos que Él verdaderamente recompensa a quienes sinceramente le buscan? A. W. Tozer lo expresó de este modo: "No es suficiente con que reconozcamos los infinitos recursos de Dios; también debemos creer que Él es infinitamente generoso para otorgarlos".[7]

Cuando abrimos nuestro corazón a creer que Dios recompensa

a quienes lo buscan con diligencia, comenzamos a abrir nuestros ojos a sus provisiones. Comenzamos a ver su ayuda hasta en cosas pequeñas. Quizá Él nos esté bendiciendo por medio de una amiga que nos alienta, una mano que nos ayuda con los niños, o una provisión económica inesperada. Cuando no creemos en Dios como nuestro proveedor, tendemos a pensar en las cosas como coincidencia o azar. Entonces nos perdemos el gozo de la gratitud por un Dios que nos ama. Sí, nuestros espíritus son elevados cuando comenzamos a prosperar a medida que vemos su cuidado por nosotras.

C. Cambiar los viejos y malsanos patrones

Cuando miramos a Dios en fe, también debemos reconocer con humildad que algunas cosas puede que tengan que cambiar. Debemos echar un vistazo sincero a nuestra conducta y dirigirnos a hacer lo correcto. Por ejemplo, si siempre creímos que estaríamos sanas y llenas de energía y, sin embargo, nuestro cuerpo no está en forma y se ve aletargado, puede que necesitemos considerar un cambio en nuestro estilo de vida y mejorar la forma en que nos alimentamos y cuidamos de nuestro cuerpo. O, si siempre pensamos que tendríamos un matrimonio feliz, pero está carente de amor porque nos hemos vuelto negativas, enojadas y amargadas, entonces puede que necesitemos hacer algunos cambios en nuestros hábitos. O si nunca nos imaginamos teniendo problemas económicos y deudas, puede que necesitemos hacer cambios en nuestros hábitos de gasto u oportunidades de trabajo.

No estoy diciendo que seamos responsables de causar que mueran todos nuestros sueños, pero sí estoy diciendo que es una buena idea echar una sincera mirada a nosotras mismas y ver si hay necesidad de cambio. Muchas veces cosechamos lo que sembramos. Es fácil culpar a otros; es difícil reconocer nuestras propias carencias o la necesidad de hacer algo de modo diferente. La muerte de un sueño abre una oportunidad para la autoevaluación. Puede que necesitemos salir de nuestra zona de comodidad o de nuestra timidez y conocer a nuevas personas o unirnos a un nuevo grupo. Puede que necesitemos librarnos de un viejo hábito que lentamente se ha vuelto negativo en nuestra vida.

La *C* en esta sección también podría representar "Confesar su pecado" o "Consultar un buen consejo". Ambas cosas van de la mano para ayudarnos a realizar sanos cambios personales. Incluso David, el hombre según el corazón de Dios, conocía su necesidad de limpieza y renovación cuando escribió:

> Purifícame con hisopo, y quedaré limpio;
> lávame, y quedaré más blanco que la nieve.
> Anúnciame gozo y alegría;
> infunde gozo en estos huesos que has
> quebrantado.
> Aparta tu rostro de mis pecados
> y borra toda mi maldad.
>
> Crea en mí, oh Dios, un corazón limpio,
> y renueva la firmeza de mi espíritu.
> No me alejes de tu presencia
> ni me quites tu santo Espíritu.
> Devuélveme la alegría de tu salvación;
> que un espíritu obediente me sostenga.[8]

Sí, la confesión es buena para el alma y trae gozo al corazón. Es útil también buscar consejo y sabiduría piadosos cuando intentamos buscar la belleza en el plan B. Una sabia amiga o mentora puede ayudarnos a ver áreas que necesiten cambio y que nosotras mismas no podemos ver, pero debemos estar abiertas a oír sus palabras de sabiduría. Como mujeres sabias, necesitamos estar siempre abiertas al cambio positivo en nuestras vidas. No creo que ninguna de nosotras pueda decir que es exactamente lo que quiere ser. El libro de Proverbios dice: "El hierro se afila con el hierro, y el hombre en el trato con el hombre".[9] Puede que nunca cesemos de buscar el sabio consejo de otros a fin de ser lo mejor que podamos ser.

D. Hacer lo que usted pueda, a medida que siga la guía de Dios

Si hemos de prosperar en los nuevos planes que Dios tiene para nosotras, debemos antes *evaluar* las posibilidades y *creer* que Dios puede traer esperanza a nuestras situaciones. Debemos *cambiar* y confesar cualquier hábito negativo, pero después debemos avanzar *haciendo lo que podemos*, a medida que seguimos la guía de Él. No estoy diciendo que haga todo lo que *usted* puede; estoy diciendo que, a medida que sigue la guía de Él, haga lo que Él le dirija a hacer. Cuando abrimos nuestros ojos a las posibilidades que Dios está proporcionando, debemos dar pasos hacia delante en fe.

Piense en Pedro, quien valientemente salió de la barca. Quizá esté familiarizada con la historia que se encuentra en el capítulo 14 del Evangelio de Mateo. Los discípulos estaban en una barca cruzando al otro lado del mar de Galilea, y Jesús decidió unirse a ellos de una forma muy poco convencional: Él caminó sobre el agua. Cuando los discípulos lo vieron caminando sobre el agua, tuvieron miedo y creyeron que Él era un fantasma, pero Jesús enseguida los tranquilizó y dijo: "Yo soy". ¿Puede imaginar el temor que sintieron los discípulos? Ellos nunca habían visto a nadie caminar sobre el agua. Si usted está mirando a una situación que pensó que nunca tendría que afrontar, escuche la voz de Dios diciendo: *No temas. Yo estoy aquí.*

Pedro, con una fe valiente, grita: "Señor, si eres tú, di que yo vaya a ti". Jesús le dijo: "Ven". Observe que Pedro no iba a salir de la barca a menos que oyese la invitación de Jesús a hacerlo. Yo creo que también nosotras necesitamos prestar atención para seguir la guía de Dios y escucharle darnos indicaciones. No tenemos que hacerlo todo; necesitamos hacer las cosas correctas a medida que damos un paso de fe.

Pedro después hizo el valiente movimiento de salir al agua. Él no esperó a que Jesús le empujase para que saliera de la barca. ¿Dónde le está llamando Dios a ir? ¿Ve la puerta abierta que Él está proporcionando?

Después de que Pedro hubo salido y caminado sobre el agua, echó un vistazo a las olas que le rodeaban y comenzó a hundirse. ¡Oh, no! ¿Es que no siguió la invitación de Dios? ¿Cómo es posible que se hundiese? Permita que le recuerde que sólo porque usted siga la guía de Dios no significa que no afrontará desafíos. La lección que aprendemos de Pedro es volver a dirigir nuestros ojos hacia Jesús y clamar a Él. Pedro clamó: "¡Señor, sálvame!". Jesús respondió extendiendo su mano a Pedro y ayudándolo. Cuando usted se esté hundiendo, mírelo a Él, clame a Él, y vea su mano ayudándole a levantarse.

Busque la ayuda que Dios esté proporcionando y la puerta que Él esté abriendo. Después dé ese primer paso fuera de la barca y avance, aun cuando no sienta ganas de hacerlo. La fe es algo más que un sentimiento; es actuar según su fe de que Dios puede aportar un valor redentor a cualquier situación. Puede que la puerta que Él esté abriendo no necesariamente sea lo que usted pensó que le haría feliz o le dejaría satisfecha. Probablemente no se vea como la vida que usted había planeado tener, pero confíe en el Creador del plan B. Él ha creado un propósito hermoso para su vida.

¿Podemos estropear el plan de Dios?

Al pensar en los planes que Dios tiene para nosotras, surge la pregunta: "¿Pueden nuestras decisiones frustrar el plan definitivo de Dios para nuestra vida?". Bien, esperaba que hiciera usted esa pregunta. Yo esperaba pasar alegremente por este capítulo sin abordar el tema de cómo nuestras elecciones desempeñan un papel dentro de la soberanía de Dios. Ya que esta discusión podría emplear un libro entero (y aun así la pregunta no quedaría totalmente respondida), sólo arañaré la superficie y veremos la verdad que sí sabemos por la Escritura.

Dios, en su bondad, ha dado a los seres humanos la capacidad de hacer elecciones. No somos robots que solamente hacemos lo que estamos programados para hacer. Por otro lado, la Biblia nos dice que podemos hacer nuestros planes, pero los resultados finales están en manos de Dios.[10] David dijo: "Tú, SEÑOR, eres mi porción y mi copa; eres tú quien ha afirmado mi suerte".[11] También dijo: "Pero los planes del SEÑOR quedan firmes para siempre; los designios de su mente son eternos".[12] Y más adelante en los Salmos leemos: "El SEÑOR cumplirá en mí su propósito. Tu gran amor, SEÑOR, perdura para siempre".[13] Por tanto, ¿quién está finalmente a cargo de nuestra vida, Dios o nosotros?

No podemos pasar por alto lo que la Biblia revela sobre la soberanía de Dios. Por ejemplo, en 1 Crónicas leemos: "Tuyos son, SEÑOR, la grandeza y el poder, la gloria, la victoria y la majestad. Tuyo es todo cuanto hay en el cielo y en la tierra. Tuyo también es el reino, y tú estás por encima de todo. De ti proceden la riqueza y el honor; tú lo gobiernas todo. En tus manos están la fuerza y el poder, y eres tú quien engrandece y fortalece a todos. Por eso, Dios nuestro, te damos gracias, y a tu glorioso nombre tributamos alabanzas".[14]

Y en el libro de Daniel leemos:

> Su dominio es eterno;
>   su reino permanece para siempre.
> Ninguno de los pueblos de la tierra
>   merece ser tomado en cuenta.

> Dios hace lo que quiere
> con los poderes celestiales
> y con los pueblos de la tierra.
> No hay quien se oponga a su poder
> ni quien le pida cuentas de sus actos.[15]

¿Cambian nuestras malas elecciones o malas decisiones el propósito final de Dios y sus planes? ¿O es posible que el pecado o los errores de otra persona estropeen las bendiciones que Dios tiene para nosotros? Yo no afirmo entender cómo Dios gobierna los asuntos de la humanidad, pero puedo ver por la Palabra de Dios que Él es soberano. Finalmente, Él tiene el control, y no nosotros. Podemos deliberar todo lo que queramos en cuanto a nuestras elecciones y la voluntad de Dios, pero si creemos lo que la Biblia dice sobre Dios, entonces debemos llegar a la conclusión de que Él gobierna sobre toda la tierra y su plan final siempre prevalece.

Me gusta la persona en que me he convertido

Cuando vemos el bien que Dios puede sacar de cualquier circunstancia, y cuando comenzamos a vivir apasionadamente esta vida que no planeamos, comenzamos a ver las cosas de modo distinto. Reconocemos las provisiones de Dios a lo largo del camino, y vemos indicios de bendiciones en el nuevo plan, un plan que ha brotado de las decepciones. Nuestra valentía y nuestra fe son fortalecidas en el proceso, a medida que crecemos y maduramos por medio de los desafíos. Puede que hasta entendamos que si la vida hubiera resultado como nosotras habíamos planeado, no nos habríamos convertido en quienes somos actualmente. Eso es lo que Cyndee Hopkins descubrió mediante sus trágicas pérdidas.

Cyndee era una dedicada esposa y madre. Sus hijos tenían edades de seis, cuatro, y casi dos cuando nació la preciosa Emma. El esposo de Cyndee, Dave, acaba de comenzar en un nuevo empleo, y todos ellos se estaban adaptando a la vida con una niña recién nacida. Una noche, una semana después, Dave estaba acostando a los niños y leyéndoles una historia. Cyndee estaba ocupada ocupándose de Emma, que tenía doce días, pero periódicamente revisaba a los niños para asegurarse de que todo iba bien. Cuando vio que Dave se había quedado dormido con los niños, decidió no despertarlo.

Al día siguiente, cuando los niños entraron a la cocina, Cyndee les dijo que fuesen a despertar a su papá, que en ese momento estaba durmiendo en el piso. Uno de los niños dijo que él no había podido despertar a su papá. Cyndee fue y trató de despertarlo, y fue entonces cuando se dio cuenta de que Dave no iba a despertarse nunca más. Parece que Dave había sufrido una arritmia cardíaca y había muerto durante la noche.

El primer año tras la muerte de Dave fue borroso para Cyndee. Como no tenían seguro de vida, Cyndee dependía de la amorosa ayuda de otros. Y esa ayuda sí llegó: alguien anónimamente dejaba pañales en su puerta regularmente; un grupo de personas de una ciudad cercana hizo a la familia un donativo; y los hermanos de fraternidad de Dave comenzaron un torneo de golf para recaudar dinero para la familia. En ese tiempo, Cyndee no veía esas cosas como la provisión de Dios. Ella estaba enojada con Dios y seguía cuestionando por qué su esposo había muerto. Pero finalmente, reconoció que necesitaba soltar esas preguntas y seguir adelante, no sólo por ella misma sino también para ser un ejemplo para los niños. Entendió que aun si Dios mismo descendiera y le dijera por qué permitió que eso sucediera, no cambiaría nada.

En el momento de la muerte de Dave, Cyndee dice que su fe era una "fe de vacaciones". Ella asistía a la iglesia en Semana Santa y Navidad, y eso era todo. Pero comenzó a sentir como si tuviera un lugar vacío en su interior. Comenzó a asistir a una iglesia regularmente sólo para tener unos momentos de quietud durante unas horas la mañana de los domingos y estar rodeada de otras personas adultas. Fue allí, sentada en el banco, cuando comenzó a recibir la paz y la fortaleza de Dios en su vida. Su fe en Jesús se volvió muy real, y ella pudo mirar atrás, a la ayuda que le prestaron las personas y reconocer que todo ello fue parte de la provisión y el cuidado de Dios por ella y su familia.

Varios años después de que Dave falleciera, Cyndee notó que Emma no llegaba a encajar en el círculo de preescolar como los otros niños. Buscó ayuda y descubrió que Emma tenía una forma de autismo altamente funcional. Ahora Cyndee sufría un tipo diferente de pérdida. Cuando su esposo murió, ella lloró la pérdida de una persona, pero con el diagnóstico de una hija con necesidades especiales, lloró la pérdida de las esperanzas y los sueños que ella tenía para su hija. También se dolía cada día por los desafíos que su hija afrontaba para encajar y sentirse amada.

Como resultado de la situación de Emma, Cyndee comenzó una página web para ayudar y alentar a otros padres con hijos con necesidades especiales.[16] También creó un libro de recursos de lugares que visitar y servicios disponibles para familias en la zona de Dallas–Ft. Worth. Ayudó a dar comienzo a un programa de necesidades especiales en su iglesia, y ha ayudado a otras iglesias a hacer lo mismo. Cyndee dice que se sentía como alguien que toma después de la muerte de Dave, pero a medida que creció por su tragedia, Dios abrió su corazón con un deseo de dar a otros. A medida que sus hijos crecieron, ella decidió servir a su comunidad prestándose voluntaria como defensora infantil en su ciudad.

Cyndee dice que aunque ella nunca habría escogido sus desafíos, ha aprendido a ser independiente y a dar mediante el proceso. Sus dificultades inesperadas han sido el catalizador para desarrollar cualidades en ella que nunca pensó que tendría. Cyndee es resistente y fuerte. Su fe en el Señor ha crecido, y su gozo en la vida ha aumentado. Tal como lo expresa Cyndee: "¡Me gusta la persona en que me he convertido!".

El plan B de Cyndee no es el que ella habría escogido para su vida; los planes B raras veces lo son. El plan B puede que no se vea tan bonito como lo que usted esperaba en su vida; sin embargo, pueden surgir nuevas y hermosas cualidades en su vida como resultado. Nunca subestime lo que un Dios redentor puede hacer.

UN PASO ADELANTE

PUNTOS

- El plan B puede que no sea su primera elección para su vida, pero puede ser un plan maravilloso.
- Escoja abrir sus ojos a la belleza de un plan diferente.
- Evalúe en oración las posibilidades que Dios ha puesto en su vida.
- Crea que Dios puede sacar belleza de las cenizas.
- Cambie hábitos malsanos o negativos.
- Haga lo que pueda a medida que sigue la guía de Dios.
- Sepa que Dios es soberano y que nosotros no podemos frustrar sus planes definitivos.
- Encuentre el gozo en la nueva persona en que usted se ha convertido.

PASAJE: SALMO 62:1-8

Sólo en Dios halla descanso mi alma;
 de él viene mi salvación.
Sólo él es mi roca y mi salvación;
 él es mi protector.
¡Jamás habré de caer!

¿Hasta cuándo atacarán todos ustedes
 a un hombre para derribarlo?
Es como un muro inclinado,
 ¡como una cerca a punto de derrumbarse!
Sólo quieren derribarlo
 de su lugar de preeminencia.

Se complacen en la mentira:
bendicen con la boca,
pero maldicen con el corazón.
Sólo en Dios halla descanso mi alma;
de él viene mi esperanza.
Sólo él es mi roca y mi salvación;
él es mi protector
y no habré de caer.
Dios es mi salvación y mi gloria;
es la roca que me fortalece;
¡mi refugio está en Dios!
Confía siempre en él, pueblo mío;
ábrele tu corazón cuando estés ante él.
¡Dios es nuestro refugio!

ORACIÓN

Dios poderoso y soberano, te alabo porque eres el Dios Altísimo. Tú sabes todas las cosas y todo lo puedes. Tú eres un Dios redentor, y puedes crear belleza de los escombros de mi vida. Gracias por tu amor y tu cuidado de mí. Gracias por tu bondad y tu misericordia. Gracias porque puedo traer a ti mis peticiones. Por favor, Señor, haz un milagro en mi vida. Ayúdame a ver la belleza en el plan B. Dame fortaleza, sabiduría y resistencia. Muéstrame lo que tú quieres que yo haga. En el nombre de Jesús, amén.

PLAN

Cree un diario de "Belleza en el plan B". Compre un diario y escriba lo siguiente en la cubierta:

Belleza en el plan B

A. Evaluar las posibilidades y acercarse a Dios.

B. Creer que Él puede. ¿Qué dice la Biblia?

C. Cambiar hábitos malsanos, confesar pecados, buscar consejo piadoso.

D. Hacer lo que pueda a medida que sigo la guía de Él.

Utilice este diario para escribir lo que Dios le esté mostrando en su viaje inesperado. Puede que sea un viaje pequeño e inesperado como resultado de una decepción menor, o puede que sea un importante cambio en la vida. Use el método ABCD para dirigir sus pensamientos y lo que escriba. Use esto como un lugar para responder las preguntas de evaluación, para examinar su vida, y para oír la voz de Dios. Escriba en él con tanta frecuencia como necesite, especialmente si se siente desalentada en cuanto a la dirección de su vida. Cuando vuelva a leer lo escrito, podrá ver emerger la belleza de su vida en el plan B.

Nuestro enojo e irritación
son más perjudiciales para nosotros
que las cosas mismas que nos enojan o nos irritan.
Marco Aurelio

6

La batalla de la amargura

*Pasar a nuevas responsabilidades
y salir de la ira*

*Asegúrense de que nadie deje de alcanzar
la gracia de Dios; de que ninguna raíz amarga
brote y cause dificultades y corrompa a muchos.*

Hebreos 12:15

EL JUEGO DE la amargura es un juego que resulta fácil para mujeres de cualquier edad. Con frecuencia comienza con una injusticia o una circunstancia desafortunada, y a medida que las semillas del enojo echan raíz, pensamientos y actitudes de amargura pueden controlar nuestra vida. Habrá oído usted decir que podemos escoger amargarnos o mejorar. Lynda Hammit escogió mejorar. Dejaré que ella misma relate su historia:

Mis sueños murieron el 10 de octubre de 2000. Permita que me explique. Desde que yo era pequeña, quise casarme con un predicador. Yo amaba a Dios con todo mi corazón, y quería un hombre que le amase a Él así. Ryan era ese hombre.

Después de servir en una congregación en Illinois por seis años, nos ofrecieron la oportunidad de salir al extranjero como misioneros a tiempo completo. Ryan necesitó sólo un año para conseguir el apoyo que necesitábamos para que nuestra familia de seis miembros nos mudásemos a África oriental. En 1999, volamos a África para comenzar un compromiso misionero de cinco años en Moshi, Tanzania. Nuestros hijos tenían en aquel entonces quince, catorce, doce y diez años de edad. Enseguida nos adaptamos a la vida en África. Teníamos maestros del idioma y la cultura que trabajaron con nosotros y nos enseñaron dónde comprar lo que necesitábamos. Los niños se involucraron en la escuela internacional en Moshi, haciendo nuevos amigos y construyendo relaciones.

El 9 de octubre de 2000, Ryan predicó su primer sermón en idioma swahili sin la ayuda de un intérprete. Fue un día memorable. Al día siguiente, nos despertamos en una mañana gloriosamente soleada de lunes. Ryan y yo íbamos a llevar a una pareja nativa a una ciudad cercana para que pudieran agarrar un autobús, mientras nuestros cuatro hijos se quedaban en casa con una mujer joven que estaba interna con nosotros.

Aquel sencillo viaje a la estación de autobús trastornó nuestras vidas. Justamente cuando cruzábamos un puente, al camión que iba delante de nosotros se le reventó una llanta, lo que hizo que se desviase al otro carril. Un autobús lleno de gente en ese carril intentó evitar al camión. El camión y el autobús chocaron de frente, y ambos conductores murieron al instante. El autobús rebotó contra el camión, pasó a nuestro carril, y nos golpeó de frente. Aún puedo ver al autobús y el camión chocar, lanzando al aire piezas de ambos vehículos, y al autobús venir directamente hacia nosotros. No tengo recuerdos del impacto. Cinco personas murieron allí aquel día.

Cuando la cabeza de Ryan golpeó el volante, comenzó a sangrar por un desgarro en su cerebro, lo cual hizo que su cerebro se hinchase. El sangrado más el cambio de altitud mientras volábamos hacia el hospital en Nairobi formó una combinación desastrosa. El diagnóstico final fue una herida cerrada en la cabeza con daño cerebral de moderado a grave.

En los días siguientes, yo tuve que comenzar a tomar decisiones. Mi esposo estaba en coma, y los niños estaban en otro país. *¿Debíamos regresar a los Estados Unidos? ¿Podíamos volver a casa en Tanzania? ¿Se* *despertaría mi esposo? ¿Quién se ocuparía de los niños?* Muchas preguntas que yo nunca soñé que tendría que responder.

Ryan salió del coma cuatro días después. Los doctores diagnosticaron daños en el lóbulo frontal y en la parte izquierda del cerebro, causando afasia (pérdida del lenguaje) y sensación alterada en el lado derecho. Mi esposo ya no podía hablar, leer, escribir ni realizar operaciones matemáticas. Cuando los doctores calibraron su estado, se hizo obvio que tendríamos que regresar a los Estados Unidos.

Cuando regresamos, hubo iglesias que nos ayudaron a conseguir muebles y alimentos. Mis padres nos proporcionaron una casa. Dios suplió nuestras necesidades por medio de su pueblo. Yo estaba agradecida de que nuestros hijos pudieran ver el ejemplo del pueblo de Dios trabajando junto para ayudar en un momento de necesidad.

¿Qué significa un diagnóstico de daño cerebral de moderado a grave en la práctica? Significa que mi esposo, un hombre que tenía los dones de hablar con persuasión y unas fuertes capacidades de toma de decisiones, ahora tiene muchas dificultades hasta con las comunicaciones más sencillas. Hasta este día no puede escribir un cheque ni leer una revista, un periódico o un menú en un restaurante, y siempre tiende a sentir frío. Tiene problemas para mantener cualquier conversación y para expresar sus ideas. También significa que yo tengo que navegar por las difíciles aguas de tratar con un hombre con daño cerebral y que tiene una personalidad muy fuerte.

Por años, el tiempo se media desde el día del accidente. Después del accidente, esto… después del accidente, eso… Parecía ser el punto de comienzo del tiempo. Finalmente tuvimos que entender que *no* vamos a regresar a la normalidad; las cosas *nunca* volverán a ser igual. En aquellos terribles años, aprendí a ocultar el increíble dolor y a llevar puesta una máscara. Pero llevar la máscara no me enseñó cómo vivir esa nueva vida. Sentía que mi vida era un fracaso tras otro: yo no sabía cómo ser una esposa para ese hombre ahora deprimido, enojado y frustrado. Tenía hijos que estaban confundidos y enojados por los cambios que se habían producido en sus vidas, una iglesia que sólo nos veía como lo que habíamos sido, y consejeros que querían saber lo que nosotros queríamos que se arreglase. Traté con la Seguridad Social para que los fondos para discapacitados y los bancos pagasen nuestras facturas. El dolor llenaba todo mi mundo.

Nuestro dolor no era obvio para que todos lo vieran; nos veíamos igual por fuera. Nos mudamos a la ciudad donde Ryan había predicado, esperando suavizar la transición con cosas que nos resultaban familiares. Ahora comprendo que la razón de que no pudiéramos tener éxito era que yo intentaba permanecer en una vida a la que ya no teníamos acceso. Yo seguía intentando recuperar las piezas rotas del puzle de la vida que teníamos antes del accidente, y eso no iba a suceder.

Con desesperación oré: "Padre, necesito que tú nos traslades. Nos estamos muriendo en este lugar. Confiaré en ti si dices no, pero realmente necesito que tú nos traslades. Necesito que nos traslades en las dos próximas semanas". Ya lo sé, ya lo sé; mi esposo también pensó que yo estaba loca. No estoy segura de que uno debiera poner a Dios un límite de tiempo; sin embargo, la escuela comenzaba en dos semanas, y dos de los niños seguían estando en la escuela. Era importante para mí que ellos comenzaran en una nueva escuela desde el primer día. Oré para que mi familia fuera puesta en el punto de tener éxito con un nuevo comienzo.

Examinamos varias posibilidades, y yo sabía que si Dios tenía un lugar en mente, Él haría que sucediera. Dos semanas después de esa oración, salimos con nuestro camión de mudanzas cargado con todas nuestras posesiones hacia West Monroe, Louisiana. Dios proporcionó un lugar para que mi esposo trabajase como encargado de mantenimiento en un campamento justamente en las afueras de West Monroe, y Él lo hizo en *dos semanas*. Los niños comenzaron la escuela un lunes, dos días después de nuestra llegada. Dios había respondido nuestras oraciones. Aunque ni mi esposo ni nuestros hijos querían hacer la mudanza, todos le dirán hoy día que fue el mejor movimiento que hayamos hecho nunca.

Ahora han pasado ya más de siete años desde el accidente. Yo rara vez mido el tiempo con el accidente como punto de referencia. Tenemos una iglesia increíble, amigos maravillosos, y una nueva vida que yo nunca pensé que fuese posible. Mis sueños puede que hayan muerto el 10 de octubre de 2000, pero Dios nos levantó de las cenizas del dolor y nos dio una nueva vida.

No es la vida que yo soñé que tendría, pero podría haber sido mucho peor si yo hubiera permitido que raíces de amargura y de ira creciesen en mi corazón. Dios oyó mi clamor por ayuda e hizo que todo obrase para bien; Él nos llevó a un nuevo mundo de vida y esperanza. Alabo su nombre con todo mi corazón.

Le pedí a Lynda que comparta su historia porque ella nos recuerda que tenemos elección cuando se trata de los desafíos de la vida que no hemos escogido. Podemos quedarnos en la autocompasión y el enojo, o podemos acercarnos a las nuevas responsabilidades. También tenemos elección en cuanto a la actitud. A veces, cuando nos vemos obligadas a tener nuevas responsabilidades, pataleamos y gritamos durante todo el camino. Lynda convirtió su desesperación en esperanza y expectación, cuando apartó sus ojos de sus viejos sueños y los puso en el Señor.

La fealdad de la amargura

Todas tenemos tendencia a aferrarnos a viejas expectativas y esperanzas. Es difícil ajustarse cuando la vida nos lleva por caminos inesperados. Puede que hasta nos sintamos con derecho a una vida menos complicada, o a tener un mejor esposo, o a tener un empleo más digno. Cuando se produce una desconexión entre nuestras expectativas y la realidad, podemos comenzar a desarrollar frustración y enojo. Si alimentamos esos sentimientos, con el tiempo pueden crecer y convertirse en raíces de amargura.

La amargura es como una enfermedad infecciosa que plaga nuestra vida si se lo permitimos. Los síntomas son numerosos, y normalmente fáciles de identificar. Una expresión endurecida o dolida, conversaciones que culpan y condenan, y un espíritu negativo y no perdonador son sólo unos cuantos de los feos síntomas. Desde luego, algunas personas son bastante buenas para enmascarar los síntomas. Están quienes albergan pensamientos amargos pero nunca dejan que nadie se entere. El problema es que, sea que usted permita a la gente entrar en su batalla con la amargura o no, sigue siendo dolorosamente perjudicial para su vida.

La amargura es una enfermedad impropia; no sólo afecta a lo que usted dice y cómo piensa, sino que literalmente puede afectarle físicamente. Alta presión arterial y enfermedad cardíaca están entre los males relacionados con la amargura y el enojo. Quizá el resultado más feo de un espíritu amargado sea el efecto que tiene en las relaciones. Familiares y amigos no tienden a disfrutar de la compañía de una persona negativa. No sé de usted, pero cuando yo quiero reunirme con amigas, prefiero llamar a la entusiasta Beth en lugar de a la amargada Betty.

Usted ha oído que a la desgracia le encanta tener compañía, y eso es cierto. El grupo de la amargada Betty puede que escoja sentarse y rumiar todos sus problemas, disfrutando de sus fiestas de lástima; pero debemos avanzar y permitir a Dios que nos lleve en una nueva dirección, bendiciendo a otras personas en el proceso. Básicamente, la amargura es un charco de egoísmo en el cual ahogamos nuestras tristezas. Evita que experimentemos una vida con significado. En lugar de ayudar a otras personas, las actitudes de amargura sólo derriban a otros. Cuando mi vida aquí en la tierra haya terminado, espero que haya personas que puedan decir que las ayudé a tener una vida mejor. Cuando llevamos gozo a otros y les ayudamos en el camino de la vida, nuestra vida es más rica y significativa. Pero si vivimos nuestras vidas en amargura y enojo, ¿qué beneficio es eso para este mundo?

Manejar nuestro enojo sabiamente

Cuando albergamos enojo en nuestro corazón, crece y se convierte en esa horrible enfermedad de la amargura. Por tanto, ¿qué hace usted cuando tiene las primeras señales de enojo? Vaya al doctor. El gran Médico nos ofrece una receta para la paz y la sanidad. Echemos un vistazo a su Manual para una vida sana (la Biblia) y aprendamos.

Antes de comenzar, creo que necesitamos entender un punto importante: el enojo no es un pecado. ¿Le sorprende? El enojo es un sentimiento que sale a la superficie en nuestras emociones cuando reconocemos que se ha producido una injusticia. La frustración y el enojo se producen con bastante naturalidad, pero lo que marca la diferencia en nuestra vida y en las vidas de los demás es lo que hagamos con el enojo.

El apóstol Pablo nos da detalles concretos en cuanto a cómo manejar el enojo. Él nos enseña: "«Si se enojan, no pequen.» No dejen que el sol se ponga estando aún enojados, ni den cabida al diablo".[1] Cuando experimentemos enojo, dice Pablo, no permitamos que nos controle o que se lleve lo mejor de nosotros. Reconozcámoslo enseguida y librémonos de él. No hagamos cuentas. En otras palabras, no albergue su enojo y permita que crezca. Ahora bien, ¿cómo hacemos eso? Pablo nos dice más adelante en este mismo pasaje: "Abandonen toda amargura, ira y enojo, gritos y calumnias, y toda forma de malicia. Más bien, sean bondadosos y compasivos unos con otros, y perdónense mutuamente, así como Dios los perdonó a ustedes en Cristo".[2]

Amargura, ira, gritos y calumnias son ejemplos del enojo que se convierte en pecado. Por tanto, cuando estemos frustradas y sintamos que se ha producido una injusticia, necesitamos cambiar de actitud. En lugar de permitir que crezca la amargura, necesitamos ser amables, compasivas y perdonadoras. Podría usted decir: *¡Qué! ¿Estás bromeando? ¡Eso es precisamente lo contrario de lo que quiero hacer! ¿Cómo voy a llegar a ese punto?* Permita que sugiera dos maneras: mirando el ejemplo de Cristo y pidiendo su ayuda.

Mire, si alguien fue tratado injustamente, fue Jesús mismo. Él era perfecto, Él era amor, y no hizo mal alguno; sin embargo, sus enemigos lo crucificaron y sus amigos le traicionaron. Él, sin duda alguna, tenía una razón para estar enojado en esa cruz, pero en lugar de gritar: "¡No saben que estoy haciendo esto por ustedes!", dijo: "Padre, perdónalos, porque no saben lo que hacen".[3] Jesús vivió en un espíritu de perdón, y Él nos dice una y otra vez que perdonemos a los demás. Así es como Él nos dijo que manejemos la injusticia:

> Pero a ustedes que me escuchan les digo: Amen a sus enemigos, hagan bien a quienes los odian, bendigan a quienes los maldicen, oren por quienes los maltratan. Si alguien te pega en una mejilla, vuélvele también la otra. Si alguien te quita la camisa, no le impidas que se lleve también la capa. Dale a todo el que te pida, y si alguien se lleva lo que es tuyo, no se lo reclames. Traten a los demás tal y como quieren que ellos los traten a ustedes.
>
> ¿Qué mérito tienen ustedes al amar a quienes los aman? Aun los pecadores lo hacen así. ¿Y qué mérito tienen ustedes al hacer bien a quienes les hacen bien? Aun los pecadores actúan así. ¿Y qué mérito tienen ustedes al dar prestado a quienes pueden corresponderles? Aun los pecadores se prestan entre sí, esperando recibir el mismo trato. Ustedes, por el contrario, amen a sus enemigos, háganles bien y denles prestado sin esperar nada a cambio. Así tendrán una gran recompensa y serán hijos del Altísimo, porque él es bondadoso con los ingratos y malvados. Sean compasivos, así como su Padre es compasivo.
>
> No juzguen, y no se les juzgará. No condenen, y no se les condenará. Perdonen, y se les perdonará.

Den, y se les dará: se les echará en el regazo una medida llena, apretada, sacudida y desbordante. Porque con la medida que midan a otros, se les medirá a ustedes.[4]

¿Observó lo que Jesús dijo sobre el derecho que usted tiene de albergar amargura y resentimiento? ¿Y sobre cuando creemos que debemos responder a la gente con nuestro enojo? ¿Y acerca de la autocompasión? ¿Y la ira? Jesús nos dice que, en lugar de alimentar nuestro enojo, necesitamos amar y perdonar. Haré una nota al margen: este pasaje no se está refiriendo a cónyuges abusivos. Por favor, protéjase a usted misma y a sus hijos si está en una situación peligrosa. Sin duda, debemos poner límites sanos en cualquier tipo de relación malsana.

NUEVOS PENSAMIENTOS = NUEVO YO

La irresponsabilidad del ex-esposo de Katie la dejó con dos hijos y una gran deuda. Fue tentador para ella permitir que el enojo y la amargura crecieran. Quería hacerle pagar y hacerse cargo de sus propias responsabilidades, pero finalmente comprendió que él nunca lo haría. Así que ella escogió alejarse del lugar del enojo y avanzar con sus nuevas responsabilidades. Aquello no era necesariamente lo que ella quería hacer; no era su plan para la vida, pero cuando finalmente soltó esos viejos sueños y aceptó su nueva realidad, comenzó a avanzar.

Katie ha formado una buena vida para ella y para sus hijos, a pesar de los desafíos. Es una voluntaria activa en la escuela de sus hijos y bendice a otros por medio de su trabajo y también de sus amistades. Ella dice que cuando comenzó a soltar el pasado y pasar a su nuevo lugar en la vida, se convirtió en una mujer nueva, una mujer que confía en Dios y está prosperando en el plan B de su vida.

¿Se siente usted con derecho a tener amargura en cualquier área de su vida en este momento? La historia de Katie ofrece un buen ejemplo de disipar la amargura y comenzar una nueva vida. Ya sea hacia Dios o hacia otras personas, usted puede escoger lo que hará con su enojo y su amargura. Aprendimos de Jesús a sustituir el enojo por amor, a orar por nuestros enemigos, y hacerles bien. Cuando comenzamos a orar por nuestros enemigos, nuestro corazón empieza a cambiar. El enojo remite a medida que entregamos nuestras heridas al Padre y oramos sinceramente por quienes nos han herido. Quiero alentarle a intentarlo y después observar lo que Dios comienza a hacer en su propio corazón. Las rejas de la amargura que le esclavizan comenzarán a fundirse. A veces es difícil perdonar porque parece que usted está dejando escapar a la otra persona. El perdón no significa que usted permita que alguien le pisotee o se salga con la suya con cosas terribles. El perdón significa que usted suelta el derecho a mantener la ofensa contra la otra persona. El perdón le libera de la batalla que se libra en su propio corazón.

La Biblia nos dice que Dios trae justicia y derecho a los oprimidos.[5] ¿Está usted dispuesta a confiar en que Dios realice justicia? ¿Está dispuesta a dejarlo en manos de Él? El enojo y la amargura no causarán justicia; arruinarán su vida y evitarán que usted avance. Cuando vivimos en perdón, vivimos en libertad. Sin duda, usted debe establecer fronteras sabias y sanas si alguien le hace daño. Perdonar no es permitir que alguien siga teniendo una conducta destructiva, ni tampoco es permitir que alguien escape sin consecuencias. El perdón es un acto de la voluntad, soltar el derecho a mantener algo en su corazón contra una persona.

El perdón comienza a alejarnos de la batalla de la amargura, pero también debemos llegar al punto de aceptar el hecho de que nuestras vidas posiblemente han cambiado. Aceptación significa soltar nuestros viejos sueños y reconocer que en nuestra vida están comenzando nuevos y diferentes capítulos. Sé que eso es difícil, porque significa que estamos diciendo adiós a las cosas que conocíamos. Le animo a hablar con una amiga sobre su dolor al soltar la amargura, o hasta con una consejera. Escríbalo en un diario. Admita la decepción y el dolor que siente al cerrar los viejos capítulos de su vida. Cuanto más se aferre a la injusticia de la situación y evite la aceptación, mayor oportunidad dará a que crezca la amargura.

La batalla con la amargura tiene lugar en nuestra mente. Cuando nuestros pensamientos son consumidos por el resentimiento, peleamos una batalla perdida. Perdonar a otros y liberar el resentimiento es casi imposible en términos humanos, pero con Dios todo es posible.

Amiga mía, si siente como si simplemente no pudiera perdonar y avanzar, hable a Aquel que mostró el perdón definitivo. Él le ayudará. Mediante la muerte de Cristo en la cruz, somos perdonadas de todos nuestros pecados; no de algunos de ellos, sino de todos. Como personas perdonadas, nosotras, a su vez, no debemos albergar falta de perdón y amargura hacia otros. Posiblemente una de las frases más alegres y liberadoras en la Biblia sea: "Perdonen como el Señor les perdonó a ustedes".[6]

Jesús nos enseñó a ser proactivas en cuanto a tratar con nuestros enemigos. Como leímos anteriormente, Jesús nos dijo que los amásemos, que les hiciésemos bien, que los bendijésemos, y que orásemos por ellos. Comenzamos a tener victoria en nuestra batalla con la amargura cuando tenemos un cambio de corazón y comenzamos a seguir las palabras de Jesús. Ya lo sé, ya lo sé, eso no es lo que usted quería oír. En realidad, cuando Jesús dijo esas palabras, muchas personas dejaron de seguirle porque esas son palabras difíciles. ¿Está lista para el desafío? Pidamos a Dios que nos ayude a amar a nuestros enemigos, a hacerles bien y a orar por ellos. A medida que la amargura sea eliminada, ¡descubriremos gozo prosperando y floreciendo en su lugar!

Un paso adelante

Puntos

- Cuando nos aferramos al enojo y al resentimiento, permitimos que crezcan raíces de amargura.
- La amargura es una fea enfermedad que puede arruinar nuestras vidas.
- Tenemos elección en cuanto a cómo manejamos nuestro enojo.
- Jesús nos dijo que amásemos a nuestros enemigos, les hiciésemos bien, les bendijésemos y orásemos por ellos.
- Perdone como el Señor le perdonó a usted.
- Perdón no significa que usted le dé a nadie el derecho a hacerle daño otra vez.
- Acuda al gran Médico en busca de sanidad y ayuda.

Pasaje: Colosenses 3:1-4, 8-15

Ya que han resucitado con Cristo, busquen las cosas de arriba, donde está Cristo sentado a la derecha de Dios. Concentren su atención en las cosas de arriba, no en las de la tierra, pues ustedes han muerto y su vida está escondida con Cristo en Dios. Cuando Cristo, que es la vida de ustedes, se manifieste, entonces también ustedes serán manifestados con él en gloria.

Pero ahora abandonen también todo esto: enojo, ira, malicia, calumnia y lenguaje obsceno. Dejen de mentirse unos a otros, ahora que se han quitado el ropaje de la vieja naturaleza con sus vicios, y se han puesto el de la nueva naturaleza, que se va renovando en conocimiento a imagen de su Creador. En esta nueva naturaleza no hay griego ni judío, circunciso ni incircunciso, culto ni inculto, esclavo ni libre, sino que Cristo es todo y está en todos.

Por lo tanto, como escogidos de Dios, santos y amados, revístanse de afecto entrañable y de bondad, humildad, amabilidad y paciencia, de modo que se toleren unos a otros y se perdonen si alguno tiene queja contra otro. Así como el Señor los perdonó, perdonen también ustedes. Por encima de todo, vístanse de amor, que es el vínculo perfecto. Que gobierne en sus corazones la paz de Cristo, a la cual fueron llamados en un solo cuerpo. Y sean agradecidos.

Oración

Padre celestial santo y justo, te alabo por tu bondad y misericordia hacia mí. Gracias por perdonarme todos mis pecados por medio de Jesús. Gracias por mostrarnos cómo es el perdón. Ayúdame a perdonar. Sana mi amargura a medida que comienzo a aceptar mi nueva situación. Muéstrame qué estoy equipada para hacer, y dame la fortaleza para dar pasos positivos hacia delante. Úsame para alentar y levantar a otros. Restaura mi gozo. En el nombre de Jesús, amen.

Plan

Haga una comprobación de amargura. Hágase las siguientes preguntas:

- ¿Hay alguien a quien necesite perdonar?
- ¿Estoy enojada con Dios?
- ¿Estoy aferrándome a viejos sueños y expectativas?

- ¿Estoy atascada en una rutina, y me niego a ver opciones positivas?

Si respondió sí a cualquiera de las anteriores preguntas, le aliento a que, en oración, pida a Dios que sane su corazón y le ayude a perdonar. Recuerde: ¡Él es realmente bueno en eso! Pídale que le ayude a soltar el dolor y descubrir el gozo del perdón. Con la fortaleza de Dios, busque formas de amar a sus enemigos y hacerles bien. Y no olvide orar por ellos.

Los pobres verán esto y se alegrarán;
¡reanímense ustedes, los que buscan a Dios!

Salmo 69:32

7

Pensar en el cuadro general

Renovar su enfoque puede revivir su espíritu

*Un pensamiento de eternidad
hace que toda la tristeza terrenal se disipe.*

Basilea Schlink

Robin Hiser es una mujer funcional con síndrome de Down que tiene unos cincuenta años y que tiene un profundo y permanente amor por el Señor. Ella levanta a otros mediante sus palabras alentadoras y su genuino amor por la gente, y le da a Dios toda la gloria. Robin reconoce el valor de cada persona y ve a cada una como creación de Dios y como una parte de la obra de sus manos. Aunque admite que es difícil para ella cuando algunas personas la menosprecian porque su aspecto y su habla son diferentes, sabe que Dios la creó con un propósito especial.

A Robin le encanta adorar al Señor y leer su Biblia. De hecho, ella inspira a otros a una fe más profunda y un mayor deseo de caminar con Dios en simplicidad y verdad. Ella dice que su mayor gozo será cuando, un día, entre en el cielo y Jesús le dé un abrazo diciendo: "Bien, buena sierva y fiel".

Hasta entonces, ella tiene trabajo que hacer aquí en la tierra, y sirve a Dios dondequiera que Él la dirija. La vida de Robin es abundante y significativa debido a su perspectiva eterna. Ella tiene un aspecto alegre porque está viviendo su vida con unos lentes de amplio ángulo. Ella no vive para este mundo; vive para el reino de Dios.

La historia de Robin me recuerda lo importante que es nuestra perspectiva de la vida en relación con nuestras batallas diarias. Si vivimos y trabajamos sólo para esta vida y para el aquí y ahora, fácilmente podemos desanimarnos, cansarnos y hasta deprimirnos. Pero cuando reconocemos que Dios puede usar nuestras dificultades y discapacidades en un propósito especial, vemos vislumbres de esperanza que pueden convertirse en gozo. Sin importar las limitaciones que tengamos o lo difícil que sea nuestra situación, aun así podemos desarrollarnos y prosperar en una vida usada por Dios.

¿Dónde está su enfoque? ¿Está en lo que va mal en su vida, o está en un Dios grande que puede traer un nuevo significado a su vida? ¿Está usted consumida por la desgraciada situación en que se encuentra ahora, o mira con expectativa al cuadro más grande de lo que Dios puede hacer? Nuestro enfoque marca la diferencia en nuestras actitudes y nuestros actos.

TENER OJOS PARA LA ETERNIDAD

El día 4 de julio de 1952, Florence Chadwick se propuso ser la primera mujer en nadar el tramo de veintiséis millas desde la isla Catalina hasta la costa de California. Con equipos de cámaras nacionales y su familia a su lado, Florence comenzó su increíble hazaña en las congeladas aguas. Cuando los tiburones se cernían sobre ella, su equipo de apoyo disparaba rifles para ahuyentarlos. Florence ya había hecho historia al ser la primera mujer en nadar el Canal inglés, y esperaba conseguir también este objetivo, pues ya había demostrado su persistencia y su capacidad.

Desgraciadamente, una profunda y densa niebla se formó por encima del agua, haciendo casi imposible para Florence ver nada de lo que había delante de ella, incluyendo la línea costera. A la vez que su familia y su equipo la animaban, lo único que podía ver era la niebla. Después de quince horas, aún no tenía a la vista el final y se sintió derrotada. Entumecida por el frío, Florence pidió que la sacaran del agua.

Tristemente, una vez que Florence estuvo en la comodidad de la barca, descubrió que solamente le quedaba media milla para completar su objetivo. Más adelante, en una entrevista con un reportero, ella dijo: "Mire, no me estoy excusando; pero si pudiera haber visto tierra, podría haberlo logrado".[1]

Florence más adelante reflexionó que no fue el frío ni la fatiga lo que le hicieron abandonar; solamente la niebla le había derrotado, porque evitó que viese su objetivo. Dos meses después, Florence lo intentó de nuevo, y la niebla apareció allí una vez más, pero esta vez Florence estaba preparada para eso. Se entrenó a sí misma para concentrarse sólo en su objetivo y no en la niebla. A medida que nadaba, se seguía recordando que la niebla no cambiaba el resultado final y el hecho de que la línea costera estaba ahí, pudiera verla o no. Ella sabía que si seguía fiel a seguir nadando, alcanzaría la costa. ¡Y lo hizo! Ella no sólo avanzó en medio de la niebla; también batió el récord de velocidad de todos los tiempos en dos horas, ¡un récord anteriormente establecido por un hombre![2]

¿Qué marcó la diferencia? El enfoque. En su segundo intento, Florence escogió enfocarse en su objetivo final aunque no podía verlo; escogió deliberadamente mantener su enfoque alejado de la niebla que tenía delante de ella. Qué increíble lección para la vida para nosotras como cristianas. Los desafíos y preocupaciones de este mundo tienden a nublar nuestra visión de la eternidad. Sin embargo, cuando fijamos nuestro enfoque en el cielo como nuestro objetivo final, comenzamos a ver lo temporales que son nuestros desafíos aquí en esta tierra. Sí, es fácil distraerse por la niebla de las frustraciones y las decepciones en nuestra vida; pero al igual que Florence, debemos continuar perseverando con nuestro enfoque en el cuadro mayor de la eternidad.

El escritor de Hebreos nos alienta del modo siguiente:

> Por tanto, también nosotros, que estamos rodeados de una multitud tan grande de testigos,

despojémonos del lastre que nos estorba, en especial del pecado que nos asedia, y corramos con perseverancia la carrera que tenemos por delante. Fijemos la mirada en Jesús, el iniciador y perfeccionador de nuestra fe, quien por el gozo que le esperaba, soportó la cruz, menospreciando la vergüenza que ella significaba, y ahora está sentado a la derecha del trono de Dios. Así, pues, consideren a aquel que perseveró frente a tanta oposición por parte de los pecadores, para que no se cansen ni pierdan el ánimo.[3]

El poder de la meditación

Hablando en términos prácticos, ¿cómo mantenemos nuestra mente continuamente fija en Jesús y en la eternidad y recordamos que nuestra vida aquí en la tierra es temporal? ¿Cómo nos evitamos ser consumidas por las preocupaciones de este mundo? Una forma de mantener nuestra mente en las cosas de arriba es meditar en quién es Dios, lo que Él ha hecho, y lo que tiene que decir a sus seguidores. Cuando pensamos y reflexionamos en la Biblia, no podemos evitar alentar nuestra mente al pensar en la eternidad.

Dios desea que meditemos en su Palabra. En el Antiguo Testamento leemos las palabras que le dijo a Josué, quien estaba a punto de hacer entrar a los israelitas a la Tierra Prometida. Ahora bien, esa no era tarea fácil. Hasta Dios llamó a los israelitas "un pueblo terco".[4] Imagine la descripción de trabajo de Josué: "Debe ser capaz de hacer entrar a miles de personas gruñonas, tercas y descontentas a una nueva tierra. Debe ser capaz de organizarlos y dirigirlos en numerosas batallas en las cuales serán sobrepasados en número". No sé de usted, pero yo no querría el trabajo.

Sin duda alguna, Josué necesitaba mantener sus ojos en el Señor. Su fe tenía que ser fuerte, y él necesitaba recordar constantemente que Dios ya había prometido que Él llevaría a los israelitas a una tierra nueva y maravillosa. Por necesidad, Josué tenía que mantener sus ojos en el cuadro más grande y no quedar enredado en el temor de desafíos menores a lo largo del camino. Por tanto, ¿qué consejo le dio Dios a Josué para ayudarlo a mantener su perspectiva llena de fe? Aquí está: "Recita siempre el libro de la ley y medita en él de día y de noche; cumple con cuidado todo lo que en él está escrito. Así prosperarás y tendrás éxito. Ya te lo he ordenado: ¡Sé fuerte y valiente! ¡No tengas miedo ni te desanimes! Porque el SEÑOR tu Dios te acompañará dondequiera que vayas".[5]

Si Josué necesitó esas palabras para sus batallas importantes, creo que nosotras podríamos utilizar la misma dosis de aliento para nuestras batallas personales. Meditar en la Palabra de Dios significa reflexionar en ella, pensar en ella, y considerar lo que Dios nos está enseñando por medio de ella. A medida que meditamos en la Palabra de Dios, somos transformadas por la renovación de nuestra mente. Se nos recuerda, y se nos alienta, que hay un cuadro mayor, y que nuestro Dios soberano tiene nuestra vida en sus manos. Meditar en la Palabra de Dios trae un vaso de refrescante agua a nuestras agrietadas y sedientas almas.

Joyce Huggett, una escritora, conferencista y locutora conocida internacionalmente, con base en Chipre, escribió las siguientes palabras sobre la meditación:

> Meditamos para dar a las palabras de Dios la oportunidad de penetrar no sólo en nuestra mente, sino también en nuestras emociones —los lugares donde estamos heridas—, y en nuestra voluntad: el lugar donde hacemos elecciones y tomamos decisiones. Meditamos para tener un encuentro con la Palabra viva: Jesús mismo. Meditamos a fin de que cada parte de nuestro ser, nuestros pensamientos, nuestros afectos y nuestras ambiciones, se den la vuelta

para honrarle y glorificarle a Él. Y otra razón para
aprender a meditar es para familiarizarnos con la
voluntad de Dios.[6]

Cuando meditamos en la Palabra de Dios y permitimos que
se filtre a nuestro corazón y nuestra mente, obtenemos una vislumbre del hecho de que Dios tiene un plan magnífico para la
humanidad. Comenzó en el huerto de Edén, y desde entonces
se ha estado desarrollando. Lo que puede parecer una tragedia
o un error, es parte de un cuadro mayor y más amplio. Si solamente nos centramos en una parte, nos perdemos la belleza del
cuadro general. Por ejemplo, la muerte de Cristo en la cruz fue,
por sí misma, una cosa horrible, pero a la luz de la eternidad, es
el más apasionado cuadro de amor que el mundo podría imaginar
nunca.

La belleza de la contemplación

Para mí personalmente, meditar en la Palabra de Dios ha marcado una tangible diferencia en mi forma de ver la vida. Cuando
reflexiono en el Antiguo Testamento, leyendo historias de la provisión de Dios para su pueblo en el desierto, o de la ayuda de Dios
al derrotar a los enemigos, me encuentro a mí misma alentada al
ver que Dios puede manejar cualquier desafío que yo afronte. En
el Nuevo Testamento, cuando leo de Jesús tomando un pequeño almuerzo y alimentando a miles de personas, recuerdo que
Él puede tomar lo poco que yo tengo que ofrecer y hacer cosas
grandes. Cuando leo de la transformación de Pablo, comprendo
que Dios puede tomar una vida que se dirige hacia la dirección
equivocada, darle la vuelta, y utilizarla para un propósito divino
y poderoso.

Sí, meditar en la Palabra de Dios transforma mi pensamiento ordinario en pensamiento extraordinario. Mis insignificantes

pensamientos se convierten en pensamientos llenos de esperanza, y mi desesperación por lo que sucede ahora se transforma en el gozo por lo que ha de llegar. Comienzo a ver posibilidades cuando leo: "Para Dios todo es posible".[7] Hay un renovado enfoque de la eternidad cuando pienso en las palabras de Pablo: "Porque para mí el vivir es Cristo y el morir es ganancia".[8] Una forma en particular que he descubierto para meditar en la Palabra de Dios es un proceso llamado *lectio divina*.

Lectio divina es un término latino para lectura sagrada o divina, y es una forma significativa de reflexionar en la Palabra de Dios. Richard Foster lo describe del modo siguiente: "La práctica de *Lectio divina* ha sido una larga y demostrada historia entre el pueblo de Dios. Era importante para los cristianos hace muchos siglos porque ellos sabían que necesitaban acudir a la Escritura para vivir y para la transformación de la personalidad humana. Por eso exactamente necesitamos aprenderlo de nuevo en la actualidad".[9] Aunque es una práctica con siglos de antigüedad, *lectio divina* ofrece hasta al seguidor en la actualidad una forma enriquecedora y reflexiva de contemplar las Escrituras.

En su libro, *Be Still*, Judge y Amy Reinhold nos dicen: "*Lectio Divina* es un una lenta y deliberada lectura de la Escritura. Comienza con desarrollar la capacidad de escuchar profundamente. Primero debemos aprender a estar en silencio a fin de oír 'el susurro de la voz de Dios'".[10] Yo recomiendo encarecidamente su libro, el cual le conduce a una vida de oración meditativa más profunda a medida que usted escucha y piensa en la Palabra de Dios. No hay una práctica correcta o equivocada de *lectio divina*. La siguiente introducción al proceso de *lectio divina* proviene de los monjes benedictinos de la abadía de San Andrés en Valyermo, California.[11] Ellos sugieren:

1. Escoger un texto de las Escrituras que uno quisiera orar.

2. Situarse en una posición cómoda y permitirse estar en silencio.

3. Leer el texto lentamente.

4. Tomar la palabra o frase para uno mismo. Memorizar o repetir el pasaje.

5. Hablar a Dios. Responder a Él en oración.

6. Finalmente, sencillamente descansar en el abrazo de Dios.

Ellos añaden: "A veces en *lectio divina* uno regresará varias veces al texto impreso, ya sea para saborear el contexto literario de la palabra o frase que Dios ha dado, o para buscar una nueva palabra o frase en la que meditar. Otras veces, una sola palabra o frase ocupará todo el tiempo apartado para *lectio divina*. No es necesario evaluar ansiosamente la calidad de *lectio divina*, como si uno estuviera 'actuando' o buscando algún objetivo: *lectio divina* no tiene otro objetivo sino estar en la presencia de Dios orando las Escrituras".

A mí personalmente, me gusta tomar un pasaje de la Escritura y leerlo cuatro veces en voz alta, escuchando y tomando su Palabra. Normalmente escribo mis pensamientos en un diario respondiendo a dos preguntas: (1) ¿Qué está enseñando Dios por medio de este pasaje en particular? (2) ¿Qué aprendo personalmente de estas palabras?

Sin duda, *lectio divina* no es el único método de obtener una perspectiva más celestial de la vida, pero es una manera de meditar en la Palabra de Dios. El objetivo de contemplar las Escrituras mediante la meditación y la memorización es dirigir nuestro corazón y nuestra mente hacia la eternidad. Gran parte de lo que vemos a nuestro alrededor en forma de anuncios y promociones nos obliga a quedar cautivados por este mundo y por el aquí y ahora. Se necesita una transformación intencionada de la manera en que pensamos para vivir para una tierra mejor: nuestro reino celestial. Cuando nuestra mente se queda en las cosas de este mundo, las limitaciones y las decepciones permanecerán; pero si nuestros ojos están en la obra del Señor y en un propósito mayor, las situaciones de la tierra comienzan a volverse extrañamente borrosas.

OJOS QUE VEN MÁS ALLÁ

En medio de la ciudad de Chandigarh, India, está un jardín bastante poco común. Es un increíble testamento del valor artístico de la basura. Sí, es correcto: basura. El aclamado artista, Nek Chand, utilizó materiales que la gente desechaba como basura y los convirtió en una maravilla artística llamada Jardín de la Roca. Chand lo considera una expresión de su esperanza para la humanidad. Mientras que otros pueden ver la basura como un problema que hay que esconder, el artista lo vio de forma distinta. Él vio la basura como objetos que podían ser creativamente transformados en arte.

"Todo comenzó por curiosidad personal", dice Chand, que comenzó a construir el jardín en los años cincuenta utilizando desechos urbanos e industriales. Comenzó limpiando una pequeña área de selva a fin de crear una pequeña zona ajardinada para él mismo. Recogió piedras, piezas de metal, pedazos de ladrillos, cántaros rotos, porcelana, trapos, muñecas de plástico, sombreros rotos, brazaletes rotos, zapatos, botellas... Todo ellos fue utilizado en su obra de transformar la basura en un grandioso mosaico de tesoro y belleza. No había límite en cuanto a lo que él podía imaginar y crear con la basura.

Gradualmente, su muestra de arte creativo creció y finalmente ocupó varios acres que mostraban cientos de esculturas. Durante los primeros ocho años de su proyecto tuvo que trabajar en la confidencialidad de la noche, temiendo ser descubierto por las autoridades. De hecho, cuando los oficiales del gobierno descubrieron el jardín, quedaron confundidos en cuanto a cómo manejar la situación. El jardín artístico estaba ilegalmente construido en una zona prohibida, lo cual significaba que ellos tenían derecho a demolerlo, pero reconocieron su belleza y sus cualidades únicas. Por tanto, en lugar de demoler el jardín de esculturas, la ciudad decidió dar a Chand un salario para permitirle trabajar en el jardín a jornada completa. Hasta le proporcionaron una ayuda de cincuenta trabajadores. El jardín finalmente se abrió al público en el año 1976. Hoy día hay más de veinticinco acres con miles de esculturas situadas en grandes patios de mosaico, unidos por caminos vallados y profundos barrancos. También hay una serie de cataratas que los comunican.

El Jardín de Roca actualmente es admirado como una de las modernas maravillas del mundo, y es considerado uno de los mayores logros artísticos que se ven en India desde el Taj Mahal. Actualmente recibe más de cinco mil visitantes al día. Carl Lindquist, que trabaja para el programa internacional en la Universidad estatal de Arkansas, lo describió de la siguiente forma: "Construido con desechos industriales y objetos que se tiran, el Jardín de Roca en la ciudad de Chandigarh quizá sea la declaración mundial más conmovedora y sobresaliente de la posibilidad de encontrar belleza en lo inesperado y lo accidental".[12]

¡Increíble! Objetos que una vez se consideraron basura fueron convertidos en una hermosa obra de arte. Me encanta la frase de Lindquist "encontrar belleza en lo inesperado y lo accidental". Nek Chand no veía basura; él veía tesoros. ¡Eso es lo que Dios ve en nuestra vida! Él sostiene en sus manos los pedazos rotos de nuestra vida y los encaja en un hermoso mosaico para la eternidad. Nosotras podemos ver un lío aquí, un error allá, una trágica pérdida, o un incidente desafortunado, pero Dios ve potencial. Singularmente, un pedazo de basura no es tan agradable, pero, al igual que Chand, Dios ve la maravillosa obra que puede formarse. A medida que nos acercamos a Él y oímos su voz, comenzamos a oír el susurro del Artista diciendo: *Confía en mí. Yo puedo hacer que salga algo bueno de esto.*

Abre nuestros ojos, Señor

Pidamos a Dios que nos dé ojos para ver por encima de nuestras circunstancias. Recuerdo la historia que leímos sobre Eliseo en 2 Reyes 6. Cuando Eliseo y su sirviente estaban rodeados por tropas enemigas, el sirviente de Eliseo necesitó un poco de seguridad de que Dios estaba con ellos. Es una historia muy poderosa, y quiero que usted misma la lea:

> El rey envió allá un destacamento grande, con caballos y carros de combate. Llegaron de noche y cercaron la ciudad. Por la mañana, cuando el criado del hombre de Dios se levantó para salir, vio que un ejército con caballos y carros de combate rodeaba la ciudad.
>
> —¡Ay, mi señor! —exclamó el criado—. ¿Qué vamos a hacer?
>
> —No tengas miedo —respondió Eliseo—. Los que están con nosotros son más que ellos.
>
> Entonces Eliseo oró: «SEÑOR, ábrele a Guiezi los ojos para que vea». El SEÑOR así lo hizo, y el criado vio que la colina estaba llena de caballos y de carros de fuego alrededor de Eliseo.[13]

¿No es una historia increíble? ¿No se identifica usted con el sirviente de Eliseo cuando vio el gran ejército y exclamó: "¿Qué vamos a hacer?"? Quizá usted haya pronunciado esas mismas palabras. ¡Qué amable por parte de Dios abrir los ojos del sirviente para que viese los carros de fuego que llenaban la colina! Irónicamente, Dios cerró los ojos del ejército arameo, y Eliseo los condujo ciegos a la ciudad de Samaria y a manos del rey de Israel. ¿No es eso interesante? Dios abrió los ojos de uno y cerró los ojos de otros. Puede que nosotras no veamos carros de fuego, pero Dios puede abrir nuestros ojos a una perspectiva más amplia. Él puede abrir nuestros ojos para ver los tesoros que esperan ser descubiertos en nuestro nuevo lugar. Él puede mostrarnos las posibilidades y el potencial que existen alrededor de nosotras.

NUESTRAS VIDAS, SU OBRA

Autumn Ater tiene enfoque de tesoro. Si usted la conociera, descubriría a una mujer alegre y agradecida, pero su vida no ha sido fácil. Su hijo, Robert, nació con múltiples discapacidades, sin poder caminar ni hablar. Autumn sintió que era bendecida con la misión especial de cuidar de su hijo. Pronto comprendió que Robert le fue enviado para enseñarle sobre el amor y disfrutar de los sencillos placeres de la vida. Robert partió a su hogar celestial hace dos años, a la joven edad de catorce años, pero Autumn vive con una perspectiva única. Ella dice: "Aunque ya hace dos años que Robert se ha ido, yo lo veo dos años menos que quedan para volver a estar con él en el cielo".

Tras la muerte de Robert, Autumn comenzó un ministerio para ayudar a otras mamás que sufren. Le puso el nombre de Ministerios Un Agujero en mi Corazón. Su misión es alcanzar a afligidas mamás con la Palabra de Dios y ofrecer consuelo y comprensión para sus sufrientes corazones. Ella dice: "Convierta sus momentos en recuerdos permitiendo que la luz sanadora de Dios brille en el agujero del corazón roto de una mamá, donde la sanidad puede comenzar a producirse. No podemos dejar que nuestra tristeza, por dolorosa que sea, se convierta en nuestra identidad. Somos mucho más que eso... ¡Nuestros hijos quieren que seamos mucho más que eso!".[14]

Autumn sabe que ella fue traída a esta tierra para ser un canal del amor de Dios y para ayudar a mamás que sufren debido a la muerte de un hijo. El enfoque de Autumn fue mucho más amplio que ser la cuidadora de un niño discapacitado o la mamá de un niño fallecido. Esas descripciones eran, sin duda, una parte de su viaje, pero no son toda su identidad. Sus ojos están enfocados en un Dios que la ama y que tiene un plan para ella aquí en esta tierra hasta que ella parta para ver a su Salvador y abrazar a su hijo en su hogar eterno.

Dios recogió los pedazos rotos en la vida de Autumn y los reunió formando una hermosa vasija del amor de Él. ¿Qué puede hacer Dios mediante los pedazos rotos de la vida de usted? Puede que usted no vea el cuadro completo en este momento, pero Dios está creando un hermoso mosaico pieza a pieza. Si miramos las piezas individuales de un diseño de mosaico, puede que no se vean tan bonitas; sin embargo, cuando damos un paso atrás y examinamos el cuadro completo, vemos una maravillosa obra de arte formada por las manos del Creador. Usted fue creada para belleza; usted fue creada para una vida gozosa; ¡usted fue creada para prosperar, no sólo para sobrevivir!

UN PASO ADELANTE

 ### PUNTOS

- Nuestro enfoque marca la diferencia en nuestros actos y nuestra actitud.
- Es fácil para nosotras ser consumidas por el aquí y el ahora y olvidar dar un paso atrás para ver el cuadro completo.
- Encontramos esperanza y fortaleza en la Palabra de Dios.
- Meditar en la Palabra de Dios para mantener una perspectiva eterna en la vida.
- Pedir a Dios que abra nuestros ojos a posibilidades y potencial, tanto en circunstancias como en personas.

- Los pedazos rotos de nuestra vida puede que no sean bonitos, pero pueden juntarse en un hermoso mosaico diseñado por nuestro Creador.

 PASAJE: SALMO 119:25-40

Postrado estoy en el polvo;
    dame vida conforme a tu palabra.
Tú me respondiste cuando te hablé de mis
    caminos.
    ¡Enséñame tus decretos!
Hazme entender el camino de tus preceptos,
    y meditaré en tus maravillas.
De angustia se me derrite el alma:
    susténtame conforme a tu palabra.
Manténme alejado de caminos torcidos;
    concédeme las bondades de tu ley.
He optado por el camino de la fidelidad,
    he escogido tus juicios.
Yo, Señor, me apego a tus estatutos;
    no me hagas pasar vergüenza.
Corro por el camino de tus mandamientos,
    porque has ampliado mi modo de pensar.

Enséñame, Señor, a seguir tus decretos,
    y los cumpliré hasta el fin.
Dame entendimiento para seguir tu ley,
    y la cumpliré de todo corazón.
Dirígeme por la senda de tus mandamientos,
    porque en ella encuentro mi solaz.
Inclina mi corazón hacia tus estatutos
    y no hacia las ganancias desmedidas.
Aparta mi vista de cosas vanas,
    dame vida conforme a tu palabra.

Confirma tu promesa a este siervo,
   como lo has hecho con los que te temen.
Líbrame del oprobio que me aterra,
   porque tus juicios son buenos.
¡Yo amo tus preceptos!
   ¡Dame vida conforme a tu justicia!

ORACIÓN

Padre eterno, Dios amoroso, te alabo porque tú sostienes todas las cosas en tus manos. Tú nos estás preparando para la eternidad, y tú tienes un hermoso propósito para nuestras vidas. Gracias por tu plan, que va mucho más allá de lo que yo pueda pedir o imaginar. Mantenme enfocada en ti, y ayúdame a tener siempre en mente el cuadro completo y eterno. Ayúdame a permanecer en tus palabras y a morar en tu amoroso abrazo. Aléjame de mi pequeño y egoísta punto de vista, a fin de que pueda ver mi situación con ojos eternos y llenos de esperanza. En el nombre de Jesús, amén.

PLAN

Escriba los siguientes versículos en tarjetas y póngalos en lugares donde los vea con frecuencia (refrigerador, auto, espejo, computadora). Escoja uno para memorizarlo, o puede que quiera memorizarlos todos. ¡Usted puede hacerlo! Cada versículo sirve como un tremendo recordatorio para mantener nuestros ojos en el cuatro eterno.

Eclesiastés 3:11 – Dios ha hecho todo hermoso en su propio tiempo. Él ha plantado eternidad en el corazón humano, pero aun así, las personas no pueden ver el panorama completo de la obra de Dios de principio a fin.

2 Corintios 4:18 - Así que no nos fijamos en lo visible sino en lo invisible, ya que lo que se ve es pasajero, mientras que lo que no se ve es eterno.

Colosenses 3:1 - Ya que han resucitado con Cristo, busquen las cosas de arriba, donde está Cristo sentado a la derecha de Dios.

1 Pedro 4:12-13 - Queridos hermanos, no se extrañen del fuego de la prueba que están soportando, como si fuera algo insólito. Al contrario, alégrense de tener parte en los sufrimientos de Cristo, para que también sea inmensa su alegría cuando se revele la gloria de Cristo.

Nuestras palabras son la evidencia del estado de nuestro corazón tan seguramente como el gusto del agua es una evidencia del estado del manantial.

J. C. Ryle

8

Usted es lo que dice

Hablar con sinceridad en lugar de quejarse

Sean, pues, aceptables ante ti
mis palabras y mis pensamientos,
oh SEÑOR, roca mía y redentor mío

Salmo 19:14

Linda es una de las personas más amorosas y generosas que conozco. Ella alegra a otros mediante su sonrisa y levanta a otros mediante sus palabras de aliento. Es fácil suponer que una persona hermosa y confiada como Linda debe de haberlo tenido todo en la vida a su favor, pero lo cierto es que Linda ha experimentado algunos giros y curvas en su viaje

En uno de los veranos más calurosos que Dallas haya pasado, el auto de Linda se incendió como resultado del exceso de calor y gases de pintura en su garaje. Linda estaba en el interior de la casa hablando con su hermana, mientras que la hija de Linda, de seis meses de edad, Holly, estaba en su cuna durmiendo la siesta. Cuando las dos hermanas comenzaron a notar humo, buscaron la fuente y descubrieron que su casa, al igual que la casa de la vecina, estaba en llamas. Todos pudieron salir al exterior sanos y salvos a la vez que observaban cómo la casa se consumía en llamas en menos de treinta minutos. Lo perdieron todo, pero Linda y su esposo, Jerry, tenían un espíritu fuerte y maravillosos amigos. Comenzaron a reconstruir sus vidas con paso lento pero seguro.

Siete años después, su segunda hija, Paige, nació con una fisura en el labio y el paladar. Su primera operación la realizaron a la temprana edad de tres meses, seguida por otra importante cuando Paige tenía un año. Linda calcula que Paige ha pasado por más de quince operaciones, y ha sido fuerte en todas ellas. El cuidado y el amor incondicional de Linda por Paige han ayudado a Paige a llegar a ser una joven próspera ella misma. Pero este no es el final de la historia de Linda.

Cuando Paige tenía diecisiete años, un problema eléctrico en el ático causó otro incendio en su casa. Esa vez los bomberos pudieron salvar gran parte de sus cuadros y sus muebles, aunque la casa misma tuvo que ser totalmente reconstruida. Linda, en su alegría usual, lanzó las manos al aire y dijo: "¡Otra vez no!". Linda y Jerry han tenido que comenzar y reconstruir dos veces, y Jerry ha sido un tremendo líder y un apoyo para la familia.

Una persona que haya sufrido el incendio de dos casas y haya visto a su hija pasar por operación tras operación, puede que esté un poco amargada y enojada. ¡Linda no! Ella encuentra su fortaleza en Dios, y continuamente busca formas de poder servir y dar a otros. Su lista de servicio voluntario en la comunidad de Dallas es de un kilómetro de larga, desde servir en la junta del hospital Children's Medical Center hasta dar de su tiempo para la organización Women's Guild of United Cerebral Palsy.

Ella ha bendecido a personas en su iglesia enseñando clases de escuela dominical y organizando fiestas de cumpleaños para ancianos de la congregación. Linda tiene carga en su corazón por las muchachas universitarias y por los no nacidos, así que da de su tiempo para reunirse con jóvenes que están pensando en abortar. La bendición más maravillosa es ver el amor que las hijas de Linda tienen hacia otros. Las dos son amorosos reflejos de su mamá, quien ha descubierto el gozo que viene de alentar a otros mediante sus palabras y acercarse para levantar a otra persona mediante sus actos.

Nuestras palabras nos definen

Linda es conocida por sus amigos como una mujer alegre y bondadosa. Ella no es definida por los desafíos que ha habido en su vida, sino más bien por la bondad que se derrama mediante su vida y sus palabras. Al igual que Linda, cada una de nosotras tiene elección en cuanto a cómo será definida. Con frecuencia somos identificadas por las palabras que salen de nuestra boca, pues nuestras palabras revelan quiénes somos realmente. Recientemente oí una tonta historia sobre una muchacha que puso a su perro el nombre de tía Ruth. Cuando le preguntaron por qué escogió un nombre tan peculiar, ella respondió: "Le puse a mi perro el nombre de tía Ruth porque es igual que mi tía Ruth. Gruñe a todo el mundo que pasa por su lado y ladra constantemente ante cualquier cosa que le molesta". Muy bien, ¡no estoy segura de querer conocer a la verdadera tía Ruth! Sin duda, somos conocidos por lo que decimos y cómo lo decimos, ¿no es cierto? Una mujer que se queja no es muy agradable o atractiva.

¿Cómo le gustaría que la gente le describiese? Yo quisiera ser conocida como amable, alegre, bondadosa y alentadora, en lugar de gruñona, desalentadora y quejica. ¿No le gustaría a usted lo mismo? Lo que sale de nuestra boca pinta un cuadro de lo que hay en nuestro corazón. Si estamos creciendo en nuestra confianza en el Señor, eso sale en forma de palabras de esperanza y contentamiento a pesar de las circunstancias. Sin embargo, si la gente oye amargura, murmuración y frustración por nuestra boca, revelamos el enojo y la preocupación que hay en nuestro corazón.

Solamente porque tengamos problemas no significa que necesitemos repetirlos una y otra vez a todo aquel con quien nos encontremos. No hay ninguna regla que diga que se nos requiere quejarnos sólo porque nuestra situación se ha vuelto mala. Y, sin duda, no tenemos derecho a hablar mal o murmurar de alguien porque pensemos que él o ella se lo merecen. Nuestras palabras son importantes, y debemos usar nuestra lengua con cautela. Nuestra comunicación puede producir vida y gozo, o puede producir dolor y destrucción.

Sé que haya veces en que necesitamos solucionar las cosas y

hablar de ellas con una amiga, mentora o consejera. Por favor, no me entienda mal. Hay una diferencia entre compartir su situación a fin de recibir un sabio consejo, y compartir sus problemas una y otra vez en forma de quejas. Reconozcamos la diferencia y recordemos que derramar nuestro corazón ante Dios y ante personas útiles puede ser un paso positivo hacia encontrar soluciones. Por otro lado, la queja nos derrumba no sólo a nosotras, sino también a todos los que nos rodean.

El árbol de las palabras

No queremos ser conocidas sólo por nuestras tristezas y nuestras tragedias, ¿verdad? ¿No sería mejor ser conocidas como mujeres que han visto la poderosa mano de Dios obrando? ¿No queremos ser mujeres de gracia que están llenas de alabanza para Dios y de aliento para los demás? Amiga mía, sus desafíos o tragedias no tienen por qué definir quién es usted. Podemos ser mujeres hermosas, fieles y piadosas a pesar de los giros y curvas inesperadas que traiga la vida. Nuestras palabras revelan nuestra belleza interior basada en la confianza en Dios, pero nuestras palabras también pueden revelar nuestra fealdad interior arraigada en el enojo y el resentimiento.

Lleguemos a la raíz del asunto: nuestro corazón. Jesús usó la analogía de un árbol en una conversación bastante aguda con los fariseos. Él dijo lo siguiente: "Si tienen un buen árbol, su fruto es bueno; si tienen un mal árbol, su fruto es malo. Al árbol se le reconoce por su fruto. Camada de víboras, ¿cómo pueden ustedes que son malos decir algo bueno? De la abundancia del corazón habla la boca. El que es bueno, de la bondad que atesora en el corazón saca el bien, pero el que es malo, de su maldad saca el mal".[1]

Jesús no deja lugar a mucha suposición sobre nuestras palabras, ¿no es cierto? Las palabras amargas saldrán de un corazón amargo, al igual que el fruto amargo saldrá de un árbol amargo. Lo mismo es cierto para el resentimiento, el enojo y la falta de perdón. Pero, por otro lado, si nuestro corazón está lleno de gozo, contentamiento, gratitud y perdón, llevaremos también un agradable fruto.

El fruto adicional en nuestro árbol de palabras puede ser la exageración, la deshonestidad o el embellecimiento. Cuando contamos una y otra vez nuestra situación, o la situación de otra persona, es fácil que nuestras palabras se desvíen. Hasta David, un hombre según el corazón de Dios, oró que Dios pusiera guarda a su boca.[2] También nosotras podemos hacer una oración similar: "Señor, ayúdame a decir sólo lo que es bueno, honesto y verdadero. Guarda mis labios y ayúdalos a reflejar solamente tu bondad".

Testimonios para el bien

¿Cuán preciosos son sus pies? ¿No parece esa una pregunta extraña para hacerla en un capítulo que habla de nuestras palabras? Pero la Biblia utiliza una ilustración sobre los pies para hablar del mensaje de bien que llevamos a otros. En Romanos e Isaías leemos: "Qué hermosos... los pies de los que anuncian buenas noticias".[3] Cuando llevamos buenas noticias a otros sobre la salvación en Jesús, la Biblia dice que tenemos pies hermosos. ¡Y una que pensaba que la única forma de tener pies hermosos era comprar en las rebajas!

Dios se toma muy en serio lo que sale de nuestra boca, porque su Palabra nos dice que si confesamos con nuestra boca que Jesús es Señor y creemos en nuestro corazón que Dios lo levantó de los muertos, somos salvos. "Porque 'todo el que invoque el nombre del Señor será salvo'".[4] Nuestra boca se utiliza para confesar nuestra fe en Cristo, se utiliza para llevar la buena noticia del amor de Dios y la salvación a otros, y se utiliza para sanar y ayudar a otros.

A lo largo del libro de Proverbios se nos recuerda sobre el poder de nuestras palabras. Salomón dijo: "Las palabras del hombre son aguas profundas, arroyo de aguas vivas, fuente de sabiduría".[5] Pero también dijo: "La boca del necio es su perdición; sus labios son para él una trampa mortal".[6]

Yo he escuchado a personas (y estoy segura de que usted también) que hablan, y hablan, y hablan, y hablan sobre sus problemas. Hablan sobre lo malos que son sus esposos, o lo malo que es su empleo, o de si hubieran hecho aquello, o si eso no hubiera sucedido. Pasan tanto tiempo hablando de sus problemas que no tienen oportunidad de buscar soluciones o de pensar en la bondad de Dios y en la esperanza que Él trae. La boca puede mantenernos en una ruta hacia la destrucción, pero también puede ser un estupendo regalo para otros.

En el Antiguo Testamento vemos que la vida de David no fue fácil. Él continuamente afrontó obstáculos, muerte, gigantes y enemigos de todo tipo; sin embargo, vio la constante provisión de Dios. Él sabía que Dios no lo abandonaría, y lo declaró una y otra vez. Él dijo: "Bendeciré al Señor en todo tiempo; mis labios siempre lo alabarán".[7] Obviamente, su corazón estaba lleno de gratitud y alabanza para Dios. Se centraba en las cualidades de Dios en lugar de hacerlo en sus propios errores, temores y frustraciones.

Podemos ver a mujeres a lo largo de la Historia que escogieron declarar la bondad de Dios en lugar de quejarse de sus circunstancias.

Fanny Crosby (1820-1915), que quedó ciega a los seis meses de edad debido a un tratamiento médico inapropiado, podría haber mantenido amargura y resentimiento en su corazón y haber permitido que se mostrase en sus palabras. En cambio, Fanny escogió utilizar sus palabras para dar gloria a Dios y alentar a otros en su fe. Se calcula que escribió más de ocho mil cantos en toda su vida. A la edad de ocho años, esta joven positiva escribió las siguientes palabras:

¡Oh, qué feliz alma soy!
Aunque no puedo ver,
estoy resuelta a que, en este mundo,
contenta estaré.

¡Cuántas bendiciones disfruto
que otras personas no tienen!
Llorar y suspirar porque ciega soy,
no puedo hacerlo, y no lo haré.

Desde luego, a medida que ella fue creciendo lo hicieron también sus palabras. Estoy segura de que estará familiarizada con algunos de los himnos de Fanny Crosby, como "All the Way My Savior Leads Me", "Blessed Assurance", "Rescue the Perishing" y "Saved by Grace". Hasta este día, los himnos de Fanny llevan sanidad y esperanza a todo aquel que adora a Dios por medio de sus gloriosas palabras.

La vida de Fanny no estaba marcada por su ceguera, ¡sino por sus palabras de gratitud y de alabanza a Dios! ¿No se pregunta usted cómo escogieron sus familiares y amigos los cantos que cantan en su funeral? Apuesto a que fue un funeral bastante largo si cantaron aunque sólo fuera una pequeña parte de todos los cantos que ella escribió.

Elisabeth Elliot podría haber escogido palabras de enojo y de hostilidad, especialmente hacia los indios auca, quienes asesinaron a su esposo. Ella podría haber arremetido contra Dios, cuestionando cómo un Dios soberano, un Dios amoroso, pudo permitir que un fiel misionero y sus tres compañeros fuesen asesinados a sangre fría simplemente porque estaban llevando el mensaje del evangelio a la tribu auca en Ecuador. Pero Elisabeth Elliot escogió en cambio utilizar sus palabras y sus actos para perdonar y llevar esperanza a las personas mismas que habían asesinado a su esposo.

Tras la muerte de su esposo, Elisabeth y su hija pequeña, Valerie, decidieron quedarse en la misión en la jungla a fin de avanzar la obra que su esposo había comenzado. Finalmente, se trasladó a la aldea con el pueblo auca y se quedó allí por dos años, aprendiendo su lenguaje con la esperanza de que algún día la Biblia pudiera traducirse a su lenguaje. Otros misioneros y traductores ayudaron, y en 1992 los indios auca recibieron su propia traducción del Nuevo Testamento.

Elisabeth pasó a escribir un libro sobre la experiencia de su esposo, al igual que muchos otros libros inspiracionales. Lo siguiente es lo que escribió en su libro titulado *A Path through Suffering*:

> La fe nunca necesita preguntar: "¿Pero qué bien me ha hecho esto?". La fe ya sabe que todo lo que sucede encaja en un patrón para el bien de quienes aman a Dios. Un inconveniente es siempre, lo veamos o no, un bendito inconveniente. Podemos descansar en la promesa de que Dios está haciendo encajar muchas más cosas que no son de nuestra incumbencia. Nunca tenemos que ver "qué bien hizo" o cómo un problema dado logra alguna cosa. Es paz dejarlo todo en manos de Él, pidiendo sólo que Él haga conmigo cualquier cosa que quiera en cualquier lugar, en cualquier momento, para que Dios pueda ser glorificado.[8]

Ahora bien, esas son las palabras de una mujer que tenía la eternidad en su corazón y en su mente. Puede que nosotras no seamos capaces de decir lo que dijo Elisabeth Elliot, pero ciertamente podemos ver un ejemplo de una mujer que ha aprendido a caminar en fe en lugar de en amargura. Qué poderoso recordatorio de la verdad que encontramos en el libro de Romanos: "Ahora bien, sabemos que Dios dispone todas las cosas para el bien de quienes lo aman, los que han sido llamados de acuerdo con su propósito".[9] Todas necesitamos que se nos recuerde que Dios hace encajar las situaciones inesperadas o inconvenientes en nuestra vida en algo bueno. Si Elisabeth Elliot pudo hablar con esperanza en su situación, quizá nosotras podamos comenzar a hablar de esperanza en la nuestra. Como Fanny Crosby antes que ella, Elisabeth no es recordada por su tragedia, sino más bien por su victoria por encima de su trágica pérdida.

Hablar en términos prácticos

¿Cómo le representan sus palabras? ¿Dibujan a una mujer que camina en fe y que confía en Dios? ¿O representan a una mujer temerosa y amargada que no tiene esperanza? Somos un testimonio ante el mundo de cómo se ve la fe. Dios continuamente nos dice mediante su Palabra: "No temas, porque yo estoy contigo".[10] Si creyésemos que eso es verdad, entonces debiéramos sonar a mujeres que creen que Dios está con nosotras y que se puede confiar en Él. Es de esperar que nuestras palabras suenen distintas a las quejas de quienes no tienen fe.

Ya que las palabras son una expresión de lo que hay en nuestro corazón, examinemos el estado de su corazón. Quiero terminar este capítulo dándole algunas ideas prácticas para ayudarle a desarrollar una esperanza diaria más profunda en el Señor. Mi deseo es que la esperanza que hay en su corazón crezca hasta el punto de que rebose y fluya por su boca. Piense en los siguientes puntos alentadores.

Alabanza diaria. Tome tiempo cada mañana para alabar al Señor por quién es Él, lo que Él ha hecho, y lo que hará. Cuanto más alabemos al Señor en nuestro tiempo personal con Él, más se derramará por nuestros labios en otras situaciones. Alábelo por su soberanía y por su poder; alábelo por su capacidad de hacer que todas las cosas obren para bien; alábelo por su amor, su misericordia y su cuidado. David hallaba gozo en medio de sus desafíos mientras alababa a Dios continuamente. Él dijo: "Quiero alabarte, Señor, con todo el corazón, y contar todas tus maravillas. Quiero alegrarme y regocijarme en ti, y cantar salmos a tu nombre, oh

Altísimo".[11]

Información positiva. Debemos considerar lo que permitimos que impacte nuestro modo de pensar. Si escuchamos y recibimos consejo de personas negativas o amargadas, entonces tendremos tendencia a inclinarnos en esa dirección. Hay también ciertos libros, revistas, o hasta programas de televisión que pueden tener un efecto negativo en nosotras, alimentando enojo, descontento o pecado. Ahora bien, no estoy diciendo que necesitemos vivir en una burbuja de felicidad, pero sí estoy diciendo que debemos considerar con cuidado lo que metemos en nuestra mente. Seamos deliberadas a la hora de consumir información positiva. Libros, revistas y programas que alientan, además de amigos alentadores, pueden servir para inspirarnos en lugar de hacernos ser personas negativas. Lo que es más importante, queremos llenar nuestro corazón y nuestra mente con la Palabra de Dios. La Biblia dice: "Toda la Escritura es inspirada por Dios y útil para enseñar, para reprender, para corregir y para instruir en la justicia".[12]

Memorizar pasajes llenos de esperanza. Cuando usted atesora la Palabra de Dios en su corazón, rebosará por sus labios. Escoja pasajes que sean significativos para su situación y que edifiquen su confianza en el amor de Dios y su cuidado por usted. Recientemente memoricé varios pasajes de los Salmos. He descubierto que las palabras de esos pasajes salen de mi boca en conversaciones con amigas y cuando necesito alentar a otra persona. Ciertamente, también me alientan a mí. El salmista dijo: "En mi corazón atesoro tus dichos para no pecar contra ti".[13]

Orar antes de quejarse. Antes de que salga una queja de su boca, llévela al Señor. Pida al Señor que ponga guarda en su boca para que sus palabras refresquen a otros y los alienten en lugar de derribarlos. Haga de esto una práctica continua en su vida. Cuando tenga ganas de quejarse, deténgase y piense: *¿He orado ya al respecto?* Puede que quiera tomar un momento para escribir su oración o sus preocupaciones a Dios en un diario. Él quiere oír su sincero clamor. Con frecuencia, cuando llevamos al Señor nuestras preocupaciones y temores, soltamos la necesidad o el deseo de quejarnos en voz alta. Recuerde: a nadie le gusta una persona que se queja, así que escoja sus palabras con sabiduría. Pablo dijo: "Háganlo todo sin quejas ni contiendas, para que sean intachables y puros, hijos de Dios sin culpa en medio de una generación torcida y depravada. En ella ustedes brillan como estrellas en el firmamento".[14]

Hablar con una amiga, mentora o consejera de confianza. Como dije anteriormente, sí necesitamos hablar de nuestros problemas a veces porque eso nos ayuda a solucionar las cosas en nuestra mente. Sin duda, necesitamos consejo y aliento cuando afrontamos situaciones difíciles. Cuando compartimos nuestro dolor con el propósito de seguir adelante en el proceso de sanidad, damos pasos positivos para encontrar ayuda y soluciones. Si repetimos nuestras historias sin el deseo de mejorar, entonces nos quedamos en el pozo de la desesperación y la queja. Dios quiere que avancemos, y con frecuencia Él usa a una amiga o mentora sabia para guiarnos en una nueva dirección. En Eclesiastés leemos: "Más valen dos que uno, porque obtienen más fruto de su esfuerzo. Si caen, el uno levanta al otro. ¡Ay del que cae y no tiene quien lo levante!".[15]

Irse a dormir cada noche dando gracias a Dios. Dé gracias a Dios por sus provisiones para el presente y por cómo Él se ocupará de usted en el fututo. Cuando llenamos nuestros últimos pensamientos del día de gratitud, terminamos nuestro día con pensamientos llenos de fe que se quedan en nuestro subsconciente mientras dormimos. En los Salmos leemos: "Den gracias al Señor, porque él es bueno; su gran amor perdura para siempre".[16] En el Nuevo Testamento, leemos que Pablo nos alienta a tener corazones agradecidos: "Estén siempre alegres, oren sin cesar, den gracias a Dios en toda situación, porque esta es su voluntad para ustedes en Cristo Jesús".[17]

A medida que practiquemos estos puntos, nuestra fe y confianza en Dios es probable que se derramen en lo que hacemos y decimos. Imagine conmigo por un momento que usted lleva dos tazas en su mano, una llena de café caliente y la otra llena de agua fría. Mientras las lleva, tropieza y ellas se mueven y se derraman sobre su ropa. Podrá imaginar que no estará demasiado contenta con lo caliente del café y también la mancha que deja. Desde luego, el agua derramada no es problema alguno, y probablemente usted utilizará parte del agua para limpiar la mancha de café, ¿no es cierto?

Ahora pensemos en estos dos líquidos como representantes de la condición de nuestro corazón. El café caliente representa el ardiente enojo y resentimiento (¡ninguna ofensa hacia nosotros que bebemos café!), y el agua representa un corazón puro de contentamiento y de fe. Cuando la vida nos hace tropezar, el contenido de nuestro corazón se derrama por nuestra boca. Uno quema y mancha; el otro limpia. Decidamos examinar nuestro corazón y hablar palabras puras y que limpian, y que traen vida y sanidad. Cualquiera puede gruñir y quejarse, pero pocos tienen la esperanza llena de fe y la piadosa disciplina de guardar sus bocas y decir a otros lo que Dios ha hecho. Sin importar cuáles sean las circunstancias de mi vida, ¿no querrá que mis palabras sean agua refrescante para un alma sedienta?

UN PASO ADELANTE

 ### PUNTOS

- Lo que usted dice identifica quién es usted.
- Sus palabras rebosan de su corazón.

- Las palabras de gratitud y aliento traen alegría y sanidad a usted y a otros.
- Las palabras de condenación y de amargura destruyen y hacen daño a usted y a otros.
- Llene su corazón de agradecimiento y alabanza.
- Líbrese del descontento y la queja.
- Utilice sus palabras para proclamar lo que Dios ha hecho.

PASAJE: SALMO 71:7-8, 14-21

Para muchos, soy motivo de asombro,
    pero tú eres mi refugio inconmovible.
Mi boca rebosa de alabanzas a tu nombre,
    y todo el día proclama tu grandeza.

Pero yo siempre tendré esperanza,
    y más y más te alabaré.
Todo el día proclamará mi boca
    tu justicia y tu salvación,
    aunque es algo que no alcanzo a descifrar.
Soberano SEÑOR, relataré tus obras poderosas,
    y haré memoria de tu justicia,
    de tu justicia solamente.

Tú, oh Dios, me enseñaste desde mi juventud,
    y aún hoy anuncio todos tus prodigios.
Aun cuando sea yo anciano y peine canas,
    no me abandones, oh Dios,
hasta que anuncie tu poder
    a la generación venidera,
    y dé a conocer tus proezas
    a los que aún no han nacido.

Oh Dios, tú has hecho grandes cosas;
   tu justicia llega a las alturas.
   ¿Quién como tú, oh Dios?
Me has hecho pasar por muchos infortunios,
   pero volverás a darme vida;
   de las profundidades de la tierra
   volverás a levantarme.
Acrecentarás mi honor
   y volverás a consolarme.

ORACIÓN

Maravilloso Dios, te alabo por ser mi roca y mi refugio. Tú me has sostenido en las tormentas de mi vida y has puesto mis pies sobre terreno sólido. Tú puedes hacer grandes cosas. Gracias por cuidarme y amarme. Gracias por enviar a tu Hijo, Jesús, para pagar el castigo por mis pecados. Gracias por tu Espíritu Santo, que nunca me abandonará. Señor, quiero proclamar todo lo que tú has hecho en mi vida. Utiliza mis palabras para glorificarte y para bendecir a otros. Guarda mi boca para que mis palabras no hagan daño a otros. Derrama tu amor mediante mis palabras a las personas que me rodean. En el nombre de Jesús, amén.

PLAN

1. Dé la bienvenida a cada día con alabanza a Dios. Puede que quiera poner una nota adhesiva al lado de su despertador como recordatorio. Escriba en la nota un versículo como el Salmo 103:1: "Alaba, alma mía, al SEÑOR; alabe todo mi ser su santo nombre".

2. Termine cada día con gratitud a Dios. Ponga otra nota adhesiva como recordatorio en el espejo del baño. Escriba versículos como el Salmo 92:1-2, 4: "¡Cuán bueno, SEÑOR, es darte gracias y entonar, oh Altísimo, salmos a tu nombre; proclamar tu gran amor por la mañana, y tu fidelidad por la noche... Tú, SEÑOR, me llenas de alegría con tus maravillas; por eso alabaré jubiloso las obras de tus manos".

3. Hable a alguien a quien vea hoy sobre las cosas maravillosas que Dios está haciendo en su vida.

4. Piense en lo que influencia su modo de pensar. Líbrese de las influencias negativas, y aumente la información positiva.

TERCERA PARTE:

Vivir apasionadamente

*Si llama a sus problemas experiencias,
y recuerda que cada experiencia desarrolla
alguna fuerza latente dentro de usted,
se volverá vigoroso y feliz,
a pesar de lo adversas que sus circunstancias puedan parecer.*
John R. Miller

*Que el Dios de la esperanza los llene
de toda alegría y paz a ustedes que creen en él,
para que rebosen de esperanza
por el poder del Espíritu Santo.*
Romanos 15:13

Camine con valentía y sabiduría...
Hay una mano por encima que le ayudará a seguir.

Philip James Bailey

9

Su paso confiado

Dar un paso cada vez en una nueva dirección

El SEÑOR omnipotente es mi fuerza;
da a mis pies la ligereza de una gacela
y me hace caminar por las alturas.

Habacuc 3:16

Anne Beiler comenzó a enrollar galletas pretzels en 1987 para apoyar la
visión de su esposo, Jonas, de abrir un servicio de consejería gratuito
en su comunidad. Pronto, Anne y Jonas compraron su propio puesto
en un mercado agrícola en Downingtonwn, Pennsylvania. Había un
sólo problema: ¡los pretzels que vendían eran horribles! Después de
algunos experimentos con la receta, el resultado fue un pretzel que
Anne y sus clientes enseguida denominaron "¡mejor que el mejor que
haya probado nunca!".

Ese fue el comienzo de la tienda de pretzels Auntie Anne's Soft Pretzels, la cual aumentaría hasta tener más de 850 puntos en los siguientes
diecisiete años. La visión de Anne era "devolver", así que Auntie Ann ha
estado activamente involucrada en obras benéficas, donando millones
en todo el país. Su biografía, *Twist of Faith*, no sólo relata la historia de
la creación del negocio de Auntie Anne, sino también las tragedias y
los triunfos de su vida.

El viaje de Anne es una notable historia tanto de fracaso como de
éxito. Ella perseveró en una serie de difíciles batallas personales, entre
las que se incluyen: traición, depresión y la trágica muerte de un hijo.
Ella se ha convertido en una de las más importantes dueñas de fran-
quicias en los Estados Unidos, pero sigue siendo abierta y sincera en

cuanto a sus luchas.

Ella dice: "Al pensar en mi vida, los giros que ha dado, me siento verdaderamente sorprendida de estar bien. A veces, aun ahora, no puedo creer lo elevadas que fueron las alturas, o lo bajos que fueron los valles; emocionalmente, estuve al borde mismo del infierno… Sin embargo, de algún modo ahora estoy emocionada por vivir esta vida, sintiendo que cada día hay que disfrutarlo. La gracia y el perdón de Dios es lo que me hizo atravesar todo ello".[1]

Anne Beiler sabe lo que es vivir un viaje inesperado tanto de altos como de bajos, de alegrías y de tristezas. Sin embargo, en todo ello encontró un paso confiado y un modo de marcar una diferencia positiva en este mundo.

Nos guste o no (principalmente no), los desafíos que afrontamos en la vida nos hacen más fuertes y más sabias como mujeres. Seamos sinceras: no hay una larga fila de personas esperando apuntarse a clases en la escuela de golpes duros a fin de llegar a ser personas más fuertes. Normalmente no escogemos nuestro dolor. No lo invitamos ni lo queremos, pero sucede, y debemos movernos en medio de él. En el proceso, llegamos a ser mujeres confiadas y competentes, con el dolor y las heridas a veces como nuestros mejores maestros.

Primeros pasos

Nuestros primeros pasos hacia delante son importantes. Recientemente añadimos una nueva perrita a nuestro hogar, y no es una perrita pequeña. Es un mastín inglés de nueve meses de edad llamado Bentley. Es dulce, amable y cariñosa, pero también es muy temerosa. Es casi gracioso observar a esta perra gigantesca que tiene temor a pasar por una puerta o a bajar un escalón. Recientemente, con valentía me siguió por las escaleras hasta el piso superior de nuestra casa. Todo fue bien, a excepción del sencillo hecho de que estaba demasiado asustada para bajar las escaleras;

sencillamente parecía que no podía pensar en cómo aventurarse a dar el primer paso hacia abajo.

No podíamos permitir que viviese el resto de su vida perruna en el segundo piso de la casa, así que yo intenté amablemente ayudarle a bajar; pero lo único que ella quería hacer era quedarse sentada allí y ladrarles a los peldaños. Después de cuarenta y cinco minutos de alentarla, finalmente le hice dar el primer paso hacia abajo (¿dónde está el silbato para perros cuando uno lo necesita?). Una vez que Bentley logró dar el primer paso, el segundo no fue demasiado difícil. Luego el siguiente y el siguiente, ¡y finalmente corría libre otra vez por el primer piso! ¡Qué alivio para todos nosotros! Obviamente, ella tenía la capacidad de bajar las escaleras con seguridad; simplemente no tenía la valentía de dar ese primer paso.

La situación de Bentley me hizo pensar en lo frecuentemente que yo me quedo segura en mi tristeza o me resisto a avanzar porque sencillamente no sé cómo hacer el movimiento inicial. A veces no sé qué hacer; y a veces, por temor a lo desconocido, prefiero sencillamente quedarme quieta. En lugar de dar pasos en una dirección positiva, a veces es más fácil quedarse sentada y ladrar (o en términos humanos, quejarse).

Sin duda, hay veces para estar contenta donde Dios nos ha puesto, pero entonces llega un momento en que debemos dar el primer paso para encontrar otra vez nuestro paso confiado. Para la mayoría de nosotras, el primer paso es normalmente el más difícil, al igual que el más importante. Dudamos en dar ese primer paso porque no sabemos lo que hay más adelante. El temor a lo que traerá el futuro, el temor a cometer un error, o el temor a vivir en nuestras nuevas circunstancias puede ahogarnos y evitar que avancemos.

Deténgase por un momento y piense en lo que puede estar evitando que usted se mueva en una dirección positiva. Puede que necesite comenzar con pequeños pasos día a día, pero lo importante es no permitir que el temor le detenga en seco.

Al igual que un precioso niño pequeño, habrá momentos en que usted esté caminando y comience a tambalearse. Pero al igual que un padre con amor llega y ayuda al niño a levantarse otra vez, así el Señor está ahí con usted, fortaleciéndole y tomándole de la mano. David lo expresó perfectamente cuando escribió:

> El Señor afirma los pasos del hombre
> cuando le agrada su modo de vivir;
> podrá tropezar, pero no caerá,
> porque el Señor lo sostiene de la mano.[2]

Amiga mía, ¿ve el cuadro de la misericordiosa mano del Señor ayudándole a levantarse? Tenga eso en mente a medida que sigue avanzando paso a paso. Puede que no sienta que tiene lo necesario, pero Dios puede darle los pies que usted necesita para el viaje que tiene por delante. Él es fuerte donde usted es débil. Él es suficiente y capaz de llevarla.

¡NO SOY YO; ES DIOS!

Karen y su esposo, John, finalmente se establecieron en su nueva casa, donde planeaban pasar sus años de jubilación. Karen, una bibliotecaria de secundaria, y John, director de una escuela de primaria, estaban contentos con sus vidas y su trabajo en Amarillo, Texas.

En diciembre de 2006, con su nueva casa hermosamente decorada para la Navidad y regalos bajo el árbol, su plácida vida dio un rápido giro. Se produjo un incendio cerca del dormitorio principal. Los bomberos llegaron lo bastante rápido para controlar las llamas y evitar que la casa sufriera demasiados daños.

Quizá haya oído que a veces, cuando una casa se incendia, las llamas pueden reavivarse hasta una semana después del incendio inicial. Bien, a la mañana siguiente, en el hotel donde se quedaron, recibieron la temida llamada. El incendio se había reavivado, y esta vez era grave. Jennifer, su hija, se reunió con ellos en la casa para evaluar los daños. Esta vez el tejado estaba en llamas, y la mayoría del ático quedó destruido, haciendo que el techo se cayese y diese como resultado daños por el agua y el humo. Por increíble que suene, el incendio comenzó una tercera vez. Era casi la noche, y Karen volvió a oler humo. ¡Los bomberos llegaron y extinguieron el tercer incendio!

Afortunadamente, los bomberos pudieron salvar algunos cuadros valiosos y todos los regalos de Navidad que había bajo el árbol. Karen y John estaban agradecidos por los nobles y valientes esfuerzos de los bomberos. Dios le dio a Karen una preciosa seguridad de su ayuda y su presencia. Cuando ella pudo finalmente pasar entre los escombros, descubrió que, milagrosamente, su pequeño cuarto de oración (un armario reconvertido) se había preservado. Su Biblia y sus libros de oración quedaron intactos. Karen sintió que Dios había preservado el cuarto como una demostración de su amor y su cuidado de ellos.

Como puede imaginar, los primeros días después de un incendio importante son abrumadores. Las responsabilidades incluyen limpiar y revisar todo lo que pueda salvarse, encontrar un lugar donde quedarse, tratar con el seguro, y tomar decisiones para el futuro. Karen sabía que ella tenía que salir al frente y ponerse a trabajar, tomando una decisión cada vez. Su hija ayudó, y comenzaron a progresar poco a poco. Al principio fue lento y desalentador, pero Karen sentía que podía seguir adelante, sabiendo que Dios estaba con ella y dirigía cada paso del camino.

Karen y John quedaron sorprendidos por el derramamiento de amor y de ayuda de familiares, amigos y vecinos. Extraños llegaban a su puerta y les daban dinero; otros les llevaban comida, ropa y certificados de regalo. A medida que pasó el tiempo, ellos pudieron reconstruir su casa soñada. Karen y Jennifer hasta hicieron un viaje madre/hija a la ciudad de Oklahoma un día para comprar muebles nuevos para la casa. La actitud de Karen en todo el proceso fue de esperanza y expectativa, con una perspectiva que decía: "¿Qué hará Dios a continuación?". La familia reconoció a Dios como su constante compañero en los pasos que dieron a fin de volver a ponerse en pie.

Karen es un cuadro de una mujer que prospera, pero ella sería la primera en decirle: "Es Dios, no soy yo". Me encanta el espíritu de Karen, ¿y a usted? Su confiada esperanza estuvo en el Señor y no en ella misma. No podemos estar seguras de lo que traerá la vida, pero podemos estar seguras de que Dios estará con nosotras. Los versículos favoritos de Karen están en Filipenses 4:13: "Todo lo puedo en Cristo que me fortalece" y Romanos 8:28: "Ahora bien, sabemos que Dios dispone todas las cosas para el bien de quienes lo aman, los que han sido llamados de acuerdo con su propósito".

Confianza en Dios

¿Dónde obtiene confianza una muchacha, en especial cuando los sueños se rompen y se ve lanzada a una vida inesperada? Pensemos en lo que realmente significa tener confianza. *Confianza* significa tener una firme creencia. La raíz, *fidere*, es la misma raíz que encontramos en la palabra *fidelidad*, que significa leal o fiel. Tener confianza, entonces, significa tener una fuerte confianza o fe en algo o alguien. La autoconfianza es, obviamente, confiar en uno mismo. La confianza en las personas o las circunstancias puede ser movediza, ¡pero la confianza en Dios nos sitúa en un fundamento firme! La Biblia nos recuerda continuamente que Dios es una roca y un refugio, y digno de nuestra confianza.

Exploremos unos cuantos pasajes de la Biblia que hablan concretamente sobre la confianza:

> Tú, Soberano Señor, has sido mi esperanza; en ti he confiado desde mi juventud.[3] — David

> No temerás ningún desastre repentino, ni la desgracia que sobreviene a los impíos. Porque el Señor estará siempre a tu lado y te librará de caer

en la trampa. No niegues un favor a quien te lo pida, si en tu mano está el otorgarlo.[4] — Salomón

El temor del Señor es un baluarte seguro que sirve de refugio a los hijos. El temor del Señor es fuente de vida, y aleja al hombre de las redes de la muerte.[5] — Salomón

Bendito el hombre que confía en el Señor, y pone su confianza en él.[6] — Jeremías

Ésta es la confianza que delante de Dios tenemos por medio de Cristo. No es que nos consideremos competentes en nosotros mismos. Nuestra capacidad viene de Dios.[7] — Pablo

Cada uno de estos pasajes ofrece un poderoso recordatorio de que experimentamos confianza cuando ponemos nuestra fe en el Señor. La confianza en Dios puede ayudarnos a dar ese primer paso hacia delante. La confianza en Dios puede ayudar a romper las cadenas del temor, que con tanta facilidad nos retienen. Cuando nuestra confianza descansa en Él, podemos caminar hacia delante, sabiendo que somos amadas y no estamos solas. Como dijo Thomas Merton: "No temeré, porque tú estás siempre conmigo, y tú nunca me abandonarás para que me enfrente solo a mis peligros".[8]

Cuando David luchó con Goliat, su confianza no estaba en su honda y sus piedras; estaba en el Señor. Cuando Gedeón luchó contra un vasto ejército, su confianza no estaba en su pequeño ejército de trescientos hombres; estaba en el Señor. Cuando Ester fue delante del rey para rogarle por su pueblo, su confianza no estaba en su propio poder de persuasión; estaba en el poder del Señor para salvar su propia vida y las vidas de su pueblo. ¿De dónde viene la confianza de usted?

Buena postura

¿Tiene usted a alguien en su vida que solía machacarle con que mantuviera una buena postura? "Cabeza alta, hombros hacia atrás, estómago dentro, ¡ponte recta!" ¿Acaso no puede oírle diciéndole eso en este momento? Apuesto a que usted se estiró al leer estas órdenes, ¿no es cierto? Todas sabemos que una buena postura nos hace vernos agradables y confiadas. Por importante que sea mantener una buena postura corporal, es también importante que tengamos una postura espiritual de confianza a medida que confiamos en Dios y no en nosotras mismas. La verdadera confianza proviene de nuestra fe y en la capacidad de Él de ayudarnos.

Por tanto, ¿cómo mantenemos una postura espiritual de confianza? Veamos unos cuantos consejos para mantener una buena postura espiritualmente hablando.

Cabeza alta. Cuando dirigimos nuestro enfoque hacia arriba, eso aparta nuestros ojos de personas falibles y de erróneas circunstancias. Nuestra confianza se edifica cuando seguimos dirigiendo nuestros ojos hacia el Señor y esperamos con expectación lo que Él puede hacer y la forma en que proveerá. Dirigir nuestros pensamientos hacia arriba demanda una decisión consciente de dejar de quedarnos en lo que anda mal en nuestra vida y comenzar a buscar lo que va bien. Me gusta cómo lo expresó David: "Pero de una cosa estoy seguro: he de ver la bondad del SEÑOR en esta tierra de los vivientes. Pon tu esperanza en el SEÑOR; ten valor, cobra ánimo; ¡pon tu esperanza en el SEÑOR!".[9] A veces, dirigir nuestros ojos hacia arriba significa esperar con anticipación lo que Dios hará. Puede que aún no tengamos todas las respuestas, pero podemos tener esperanza mientras nuestros ojos están fijos en el Señor.

Hombros hacia atrás. Es difícil mantener nuestros hombros hacia atrás si estamos soportando pesadas cargas. En lugar de inclinarnos a fin de llevar una pesada carga de preocupación y culpabilidad, necesitamos echar nuestras preocupaciones sobre el Señor. Quizá la pesada carga sea falta de perdón, y necesitemos soltar el aferrarnos a algo con respecto a otra persona. Quizá la carga sea la culpabilidad, la preocupación o el pecado. ¿Qué carga está usted llevando? Entréguela al Señor, y póngase recta con sus hombros libres de la pesada carga. Cuando intentamos llevar nuestras cargas nosotras solas, caemos en el modo de mera supervivencia. Leemos en los Salmos: "Encomienda al SEÑOR tus afanes, y él te sostendrá; no permitirá que el justo caiga y quede abatido para siempre". Solamente cuando le entregamos nuestras cargas a Él comenzamos a prosperar verdaderamente.

Estómago dentro. En su Epístola a los Efesios, Pablo habla sobre la armadura de Dios y el cinto de verdad que deberíamos llevar alrededor de nuestra cintura. Es fácil para nosotras distraernos con suposiciones y especulaciones que pueden hacer que nuestra mente imagine. Debemos apretar nuestros músculos y ceñirnos el cinto de la verdad en el centro de nuestro ser, aferrándonos a la verdad de lo que sabemos sobre Dios y su amor permanente por nosotros. Los sentimientos a veces pueden influirnos y llevarnos a la frustración, al temor y al pecado. Salomón dijo: "Que nunca te abandonen el amor y la verdad: llévalos siempre alrededor de tu cuello y escríbelos en el libro de tu corazón. Contarás con el favor de Dios y tendrás buena fama entre la gente".[10]

Ponte recta. Cuando permanecemos en la Palabra de Dios, nunca caeremos, porque es un fundamento seguro. Encontramos verdad y luz, esperanza y aliento en las páginas de la Palabra de Dios. Cuando leemos la Palabra de Dios y hacemos lo que dice, edificamos nuestra vida sobre una roca. Eso me recuerda la ilustración que Jesús utilizó del hombre sabio que construyó su casa sobre la roca. "Por tanto, todo el que me oye estas palabras y las pone en práctica es como un hombre prudente que construyó su casa sobre la roca. Cayeron las lluvias, crecieron los ríos, y soplaron los vientos y azotaron aquella casa; con todo, la casa no se derrumbó porque estaba cimentada sobre la roca. Pero todo el que me oye estas palabras y no las pone en práctica es como un hombre insensato que construyó su casa sobre la arena. Cayeron las lluvias, crecieron los ríos, y soplaron los vientos y azotaron aquella casa, y ésta se derrumbó, y grande fue su ruina".[11]

Camina con confianza. Una vez que tenemos un espíritu confiado, es momento de dar un paso adelante en esa confianza, poniendo un pie delante del otro. Podemos obtener un consejo del apóstol Pablo, quien afrontó desafíos cada día mientras compartía la verdad del evangelio. ¿Cómo caminaba él con confianza? Él sabía que esta tierra no era el final del camino, y que su cuerpo un día se desvanecería. Su objetivo era agradar a Dios y no a los hombres. Él sabía que su verdadero hogar estaba en el cielo, y ese conocimiento le daba la capacidad de avanzar en fe confiadamente.

Así lo expresó él mismo:

> Por eso mantenemos siempre la confianza, aunque sabemos que mientras vivamos en este cuerpo estaremos alejados del Señor. Vivimos por fe, no por vista. Así que nos mantenemos confiados, y preferiríamos ausentarnos de este cuerpo y vivir junto al Señor. Por eso nos empeñamos en agradarle, ya sea que vivamos en nuestro cuerpo o que lo hayamos dejado. Porque es necesario que todos comparezcamos ante el tribunal de Cristo, para que cada uno reciba lo que le corresponda, según lo bueno o malo que haya hecho mientras vivió en el cuerpo.[12]

¿Permitiremos que nuestras decepciones nos aplasten o nos lleven a avanzar? La empresaria Mary Kay dijo una vez: "Por cada fracaso, hay un curso de acción alternativo. Uno sólo tiene que encontrarlo. Cuando llegue a un obstáculo, tome un desvío".[13] Los desvíos de nuestra vida puede que sean inesperados, emocionantes o frustrantes, pero cuando comenzamos el viaje, podemos tener confianza en que no estamos solas. Dios está con nosotras como nuestro pronto auxilio en las tribulaciones.[14]

UN PASO ADELANTE

 PUNTOS

- Aunque nunca escogeríamos tener dificultades en nuestra vida, aun así podemos crecer por medio de ellas y convertirnos en mujeres más fuertes y más confiadas.
- El primer paso es normalmente el más difícil y el más importante.
- La confianza viene de poner nuestra fe en Dios, y no en la gente o en las circunstancias.
- Una postura espiritual confiada es más importante que la postura física:

Cabeza alta: mantenga sus ojos en el Señor.

Hombros hacia atrás: eche sus preocupaciones continuamente sobre el Señor.

Estómago dentro: permanezca centrada en la verdad, no en suposiciones.

Póngase recta: permanezca sobre el seguro fundamento de oír y hacer la Palabra de Dios.

Camine con confianza: ande confiadamente con una perspectiva eterna.

PASAJE: SALMO 86:1-13

Atiéndeme, SEÑOR; respóndeme,
　　pues pobre soy y estoy necesitado.
Presérvame la vida, pues te soy fiel.
　　Tú eres mi Dios, y en ti confío;
　　¡salva a tu siervo!
Compadécete, Señor, de mí,
　　porque a ti clamo todo el día.
Reconforta el espíritu de tu siervo,
　　porque a ti, Señor, elevo mi alma.

Tú, Señor, eres bueno y perdonador;
　　grande es tu amor por todos los que te
　　invocan.
Presta oído, SEÑOR, a mi oración;
　　atiende a la voz de mi clamor.
En el día de mi angustia te invoco,
　　porque tú me respondes.

No hay, SEÑOR, entre los dioses otro como tú,
　　ni hay obras semejantes a las tuyas.
Todas las naciones que has creado
　　vendrán, Señor, y ante ti se postrarán
　　y glorificarán tu nombre.
Porque tú eres grande y haces maravillas;
　　¡sólo tú eres Dios!

Instrúyeme, SEÑOR, en tu camino
　　para conducirme con fidelidad.
Dame integridad de corazón
　　para temer tu nombre.
Señor mi Dios, con todo el corazón te alabaré,
　　y por siempre glorificaré tu nombre.

Porque grande es tu amor por mí:
me has librado de caer en el sepulcro.

ORACIÓN

Padre grande y poderoso, tú eres el Rey del cielo y el amante de mi alma. Tú eres suficiente para mi dolor y mis luchas. Miro a ti en busca de esperanza y confianza. Gracias porque puedo confiar en ti. Gracias por tu continuo amor y bondad. Gracias porque tú nunca me abandonas. Señor, te pido que me muestres qué pasos dar. Dirige mi camino. Dame la fuerza y la valentía para avanzar. Guíame y ayúdame día a día. En el nombre de Jesús, amén.

PLAN

Tome algún tiempo para estar a solas con Dios. En una hoja grande de papel en blanco (a mí me gusta usar una de artista), escriba Jeremías 29:11 en la parte superior.

> "Porque yo sé muy bien los planes que tengo
> para ustedes —afirma el SEÑOR—, planes de
> bienestar y no de calamidad, a fin de darles
> un futuro y una esperanza".

Lea el versículo varias veces en voz alta y pida a Dios en oración que le dé confianza para sus siguientes pasos. Haga un dibujo o escriba todos los pensamientos que Él le traiga a la mente y le muestra. Use este método de oración y escucha siempre que necesite tomar una decisión o trabajar hacia un nuevo plan. Finalmente, haga una revisión de postura espiritual.

- ¿Está mirando hacia arriba a Dios en fe, o está mirando sólo a sus circunstancias?
- ¿Está llevando un peso sobre sus hombros que no debería llevar?
- ¿Está la verdad en el centro de su vida?
- ¿Está permaneciendo firme en la Palabra de Dios?
- ¿Está caminando con confianza?

Ninguna medicina es más valiosa, ninguna más eficaz,
ninguna mejor para la cura de todos nuestros males
temporales que un amigo a quien podamos acudir
para obtener consuelo en momentos de problemas,
y con quien podamos compartir
nuestra felicidad en momentos de alegría.

San Ailred de Rievaulx

10

Conexiones sanas
Edificar relaciones positivas en su círculo

El hierro se afila con el hierro,
y el hombre en el trato con el hombre.

Proverbios 27:17

Sandra Nichols tenía un maravilloso esposo y dos hijos tremendos, pero en lo profundo de su ser ella quería una hija. Le pidió a Dios: "Si hubiera un lugar dentro de dieciocho años en que tú pudieras utilizar a una joven piadosa, ¿me darías, por favor, la oportunidad de educarla?". En diciembre de ese mismo año, Dios les dio a Sandra y a su esposo esa pequeña niña. Le pusieron Natalie.

A medida que sus hijos crecían, Sandra oraba por sus futuros. Lo que ella no sabía era dónde les llevaría el plan de Dios. Natalie tenía pasión por Dios y el deseo de ser usada por Él. A la edad de quince años, comenzó a cantar en iglesias, cruzadas evangelísticas y cárceles estatales. Recibió educación en casa y entró en la universidad sólo unos días antes de cumplir los dieciséis años.

A los dieciocho, la habían aceptado en la universidad Baylor. Allí, ella fue alumna de honor dentro del 5 por ciento más elevado de su clase, y diligentemente buscaba su sueño de convertirse en músico profesional. Le ofrecieron becas para estudios de bachiller en su país y en el extranjero. Su participación en el concurso de Miss Texas le proporcionó un campo de entrenamiento que ella intentó aprovechar. Cada día se despertaba con emoción, llena de anticipación de las oportunidades que tendría para actuar y testificar. ¡Estaba en la cumbre de su mundo!

Sin embargo, la vida de Natalie comenzó a cambiar dramáticamente. En cuestión de semanas, una enfermedad sin diagnosticar progresó, y la llevó a una espiral descendente. La vida de Natalie en gran parte había girado en torno a desarrollar y dominar su talento y destreza como pianista; pero sus manos y antebrazos se habían vuelto rígidos y dolorosos. Ya no podía tocar el piano, y pronto fue incapaz de asistir a la universidad, a medida que el declive de su salud continuaba.

Finalmente, en 1996, tras ocho años de enfermedad, se hizo un diagnóstico correcto: última etapa de la enfermedad de Lyme, una enfermedad que, con el tiempo, se extiende más profundamente por todo el cuerpo si no se diagnostica y se trata agresivamente. Para entonces, quedaba ya poco que reflejase a la muchacha de dieciocho años que había comenzado ese viaje. Lo que comenzó con una gripe, fatiga, rigidez y dolor, había progresado hasta que Natalie se vio en silla de ruedas, y luego postrada en una cama. Era incapaz de alimentarse, de hablar más alto que un susurro, de girar su cabeza, o de llevar a su mente palabras o imágenes. La enfermedad de Lyme había hecho estragos en su salud física, sus destrezas cognitivas, su personalidad y su salud emocional.

A fin de cuidar de Natalie durante los años de su grave enfermedad, Sandra tuvo que renunciar al centro cristiano de preescolar y cuidado infantil que había poseído y dirigido por más de trece años. La fe personal de Sandra y su expectación en la fidelidad de Dios fueron probadas, pero ella siguió aferrándose al Señor. La fe de Natalie fue reforzada por la inconmovible confianza de su madre en el Dios que es fiel para cumplir todas sus promesas.

Solamente la gracia de Dios sostuvo a Natalie durante aquellos años. Su gracia y su Palabra escrita le aseguraban que Él la amaba; que Él, y solamente Él, tenía el control; y que todas las cosas obran para el bien de aquellos que le aman. Mediante la Palabra de Dios y una relación personal e íntima con Jesucristo, Natalie ha recibido su consuelo, su paz, su fortaleza y su perspectiva eterna.

Dios sigue restaurando la salud de Natalie a medida que recibe un agresivo tratamiento médico. Tanto Sandra como Natalie comparten la historia de la gracia de Dios en sus vidas mediante las conferencias y la escritura. Su historia es una historia de sanidad y de esperanza a medida que las dos trabajan juntas como madre e hija para dar honor a Dios.

Sandra y Natalie han hecho juntas un difícil viaje. Al igual que Natalie fue un regalo de Dios para Sandra hace muchos años, Sandra también ha sido el regalo de Dios para Natalie al cuidarla en su enfermedad y reforzar su fe a lo largo del camino. Ahora, Sandra y Natalie ministran a otros mediante conferencias, escritos y consejería. Su página web, Shadesofgrace.org, es evidencia de vidas que hacen mucho más que sobrevivir: estas mujeres *prosperan*. Natalie y Sandra son una fuente de esperanza y de aliento para cualquiera que haya afrontado la adversidad o que sólo necesite una vislumbre de la gloria de Dios.

La provisión de Dios mediante las personas

Cuando nuestra vida toma desvíos, debemos abrir nuestros ojos y reconocer el regalo de las personas que Dios ha puesto alrededor de nosotras. A veces somos consumidas en nuestra lucha o viviendo en un estado abrumado, y no vemos la bendición de las personas que Dios nos ha proporcionado. Ahora bien, seamos sinceras y reconozcamos que las personas que Dios nos da puede que estén lejos de ser perfectas. Algunas son agradables, pero otras son muy diferentes a nosotras, y algunas pueden hasta molestarnos a veces. Sin embargo, Dios usa todo tipo de personas como canales de su provisión para ayudarnos en los momentos difíciles.

En este capítulo estamos hablando de las bendiciones de las conexiones *sanas*, pero necesitamos tomar un momento para reconocer que no todas las conexiones son sanas. Es importante discernir la diferencia entre sano y malsano, y hacer elecciones sabias en cuando a nuestras relaciones con personas que tienden a apartarnos de Dios y de hacer lo correcto. Habiendo dicho eso, volvamos de nuevo nuestra atención a aceptar los regalos que podrían llegar por medio de otros.

Extrañamente, cuando nos estamos ahogando, a veces tenemos la tendencia a apartar a las personas en lugar de permitirles que entren en nuestro mundo. Recuerdo hace años cuando yo me entrenaba para ser salvavidas. Aprendimos que uno de los tipos de rescate más peligrosos es cuando la víctima se revuelve mucho y tiene pánico. Cuando eso sucede, el salvavidas hasta puede ser arrastrado por la víctima. La víctima inconscientemente retrasa su propio rescate al seguir pataleando, gritando, e intentando lograr salir ella sola. Cuando la persona que se está ahogando permite que el salvavidas se acerque a ella, es cuando puede ser rescatada. De modo similar, en medio de lo que se siente como un ahogamiento en nuestras propias circunstancias, puede que luchemos, y nos revolvamos, y les digamos a todos: "Estoy bien. Puedo hacer esto yo sola". Pero lo cierto es que hemos sido creadas como seres relacionales. Cuando estamos sufriendo, debemos permitir que las personas nos ayuden y así experimentar el rescate de Dios mediante sus amorosas manos.

¿Qué conexiones sanas ha proporcionado Dios en su vida en este momento? Sea que usted les haya permitido ayudarle o aún no, quiero que escriba sus nombres a continuación.

Personas que Dios ha enviado a mi vida para ayudarme:

Tome un momento para repasar esos nombres y dar gracias a Dios por cada una de ellas y por su presencia en su vida. Sea sincera con usted misma; ¿está permitiendo que esas personas se acerquen lo bastante para ayudar? Quizá aún esté intentando salir nadando de las aguas revueltas por usted misma. Es momento de reconocer la mano amorosa de Dios mediante el toque de esas personas. Una vez más, puede que ellas no sean necesariamente personas que usted adora o con quienes le encanta estar, pero son personas que Dios ha puesto en su vida para ayudarle y ofrecerle algún tipo de cuidado. Dios puede usar a amigas para darle consejo al igual que ayuda práctica. Mi amiga Carrie se encontró en una situación difícil hace varios años.

Carrie se crió en una familia orientada a los negocios con elevadas expectativas. Ella siempre se había imaginado en el mundo empresarial, y ahí fue exactamente donde terminó. Al salir de la universidad, agarró el empleo de sus sueños en una importante corporación y comenzó a trabajar para subir por la escalera del éxito. Le encantaba la seguridad de un buen sueldo, un auto de la empresa, y una generosa cuenta de gastos. La vida iba tal como ella había planeado a medida que se establecía en una vida feliz en una gran ciudad en el medio oeste. Es decir, hasta el día en que el jefe de Carrie le llamó a su oficina y le dijo que tenía tres días para tomar la decisión de si aceptaría un ascenso y se trasladaría a Chicago. Carrie sabía que si no aceptaba la oferta, su carrera en esa gran corporación había llegado a su fin. La expectativa de la empresa era que si a alguien le ofrecían un ascenso, o bien lo tomaba o se ponía fin a su escalada en la empresa.

Carrie tenía una importante decisión que tomar. No sólo dejaría la vida que le encantaba en el medio oeste, sino que también se distanciaría de su prometido, John, que trabajaba en su máster en aquel entonces. Significaría que estarían alejados durante varios años, y ella seguiría estando a merced de que la corporación posiblemente le enviase a otra ciudad. Carrie dudaba en su decisión, y sentía que estaba sola. No conocía a nadie que hubiera pasado por una situación similar, y necesitaba desesperadamente ayuda y consejo. Carrie oró diligentemente las siguientes cuarenta y ocho horas, buscando la guía del Señor. Dios respondió su oración enviándole a una amiga, Kelly, cuyo oído para escuchar y su oportuna sabiduría ayudaron a situar a Carrie en la dirección correcta.

Kelly alentó a Carrie a escribir los pros y los contras de trasladarse a Chicago en un cuaderno, a fin de sacar de su mente cada aspecto de su decisión y ponerlos sobre el papel. A veces, nuestros desafíos se ven de modo distinto cuando los vemos escritos en lugar de dar vueltas en nuestra cabeza. Para Carrie, fue como si se encendiese una luz cuando escribió los pros y los contras. Comprendió sin ninguna duda que necesitaba decir no a la invitación de la empresa y dar un paso de fe hacia el nuevo lugar al que Dios le estaba guiando.

Al principio, Carrie sintió que estaba dando un paso atrás cuando regresó a su ciudad natal y se fue a vivir con sus padres, trabajando como asistente en una oficina de negocios. Después de que Carrie y John se casaran, él comenzó a hacer su doctorado, lo cual le dirigió a una pequeña ciudad en Louisiana, que no era la ciudad soñada de Carrie, en absoluto. Carrie y John solamente conocían a una persona en esa pequeña ciudad, una amiga de la mamá de Carrie. Pero a veces sólo es necesaria una persona para conectarle con el grupo correcto de personas. Esa maravillosa señora presentó a Carrie y a John a una iglesia donde Carrie conoció al Director General de un importante negocio. ¡Y ha imaginado bien! Carrie aceptó un empleo en uno de los negocios más exitosos de la zona.

Cuando completó su doctorado en Louisiana, a John le ofrecieron el empleo de sus sueños en una pequeña ciudad al norte, cerca de su familia. Carrie siempre se veía viviendo en una ciudad grande y cosmopolita, así que aquella no era la vida que ella soñó que viviría. Afortunadamente, Carrie pudo mantener su trabajo desde su nueva situación, y se ha convertido en directora de ventas de las principales cuentas en su empresa. Carrie recientemente tuvo una hija, y reconoce que está en la situación perfecta para educar una familia, al tener cerca a su familia política. Se siente más que agradecida por las personas que Dios ha puesto en su vida a lo largo del camino para guiarla y ayudarle. Carrie es fuerte, independiente, y capaz de lograr casi cualquier cosa por sí misma, pero ha aprendido a amar y apreciar lo que Dios quiere hacer mediante las conexiones que hay en su vida.

Bendición familiar

Una de las conexiones más importantes en nuestra vida es la familia. Los familiares pueden estar a nuestro lado no sólo en los momentos felices y las celebraciones, sino que también pueden ayudar durante los momentos difíciles si les permitimos hacerlo.

Mary Sue ha estado casada con Jack más de cincuenta años. Jack siempre fue un hombre vibrante y sano hasta que hace varios años experimentó un derrame que le debilitó. Fue una conmoción para su familia y también para todos los que le conocían por los negocios. Aunque ya tenía setenta y tantos años, Jack seguía estando bastante ocupado en su carrera como consultor de seguros, y viajaba por todo el mundo. Cuando se produjo el derrame, toda la familia rodeó a Mary Sue para ofrecerle apoyo.

Mary Sue es un hermoso ejemplo de una mujer sabia que reconoce la provisión de Dios. En lugar de intentar llevar la carga del cuidado de Jack ella sola, recibió amablemente la ayuda que Dios proporcionó en medio de ella. El hermano de Jack, Garry, se puso al lado de Mary Sue para ayudarla en la decisión en cuanto al cuidado de Jack. Cuando Jack estuvo en el hospital, Garry creó un horario para que cada uno de los familiares se sentase al lado de él para que no estuviera solo. Fue un increíble cuadro. Familiares y amigos han seguido ofreciendo apoyo, y Mary Sue ha recibido la ayuda que necesita para seguir el viaje que tiene por delante. Su actitud optimista y su perseverancia positiva han sido un poderoso ejemplo. Mary Sue es una mujer valiente y fuerte que tiene la sabiduría de permitir a otros ayudar. Como dijo Salomón: "En todo tiempo ama el amigo; para ayudar en la adversidad nació el hermano".[1]

La historia de Mary Sue es significativa para mí personalmente porque Mary Sue es mi tía, y Garry es mi papá. Estoy agradecida por el ejemplo que tanto Mary Sue como mi papá establecieron para el resto de la familia. Mediante esta experiencia, nos hemos unido más como familia y hemos aprendido lo que significa estar ahí para ayudarnos unos a otros en momentos de necesidad.

Vidas bendecidas mediante las amistades

La familia es normalmente la primera línea de apoyo cuando nuestra vida da un giro difícil, pero muchas personas no tienen ese lujo. O bien los familiares están muy lejos, no pueden ayudar, o tristemente puede que algunos no estén dispuestos a ayudar. Hay momentos en que puede que necesitemos que amigos den un paso y ocupen el lugar que normalmente ocuparían los familiares. Algunos amigos puede que hayan sido amigos aun antes de la adversidad, pero a veces los amigos nacen por medio de la adversidad.

Veamos un par de formas en que usted puede construir un puente de conexión en su momento de necesidad. En primer lugar, piense en los grupos en que actualmente está involucrada. No sólo suponga que ellos conocen de su situación o que son conscientes de cuáles son sus necesidades. Por mucho que nos gustaría que las personas dieran un paso y pasasen a ayudar de inmediato, eso no siempre sucede. En el mundo actual, muchas personas están ocupadas y enredadas en sus propias vidas. Todos podrían hacer uso de *cabeza alta* para saber cómo ayudar. Por tanto, si está usted en una clase de escuela dominical, o en un grupo pequeño en su iglesia, o en un grupo de estudio bíblico, quiero alentarle a llamar a alguien del grupo y decirle cuáles son sus necesidades de oración al igual que sus necesidades prácticas inmediatas.

He aprendido que, aunque la mayoría de las personas están ocupadas, realmente sí quieren ayudar. Dar una indicación de sus necesidades (sin adjuntar elevadas expectativas) puede ayudar a las personas a saber cómo echar una mano. Ya lo sé, ya lo sé, se nos dice que siempre demos el paso y ayudemos a quienes tienen necesidad; pero con frecuencia las personas no pueden dar el paso y ayudar si no saben que usted tiene una necesidad. Queremos tener cuidado de no parecer "necesitados" todo el tiempo, pero existe un cuidado equilibrado a la hora de permitir que las personas nos ayuden cuando lo necesitemos sin estar pidiendo demasiado. Si usted no tiene un grupo de apoyo, puede que sea el momento de buscar uno. Una rápida búsqueda en la Internet le ayudará a descubrir un particular tipo de grupo de apoyo local que podría ayudarle. Los siguientes son algunos grupos de apoyo, con información en inglés, que puede que encajen en sus necesidades.

Crown Ministries (consejería financiera)—www.crown.org
Apoyo para el cáncer:www.mdanderson.org/patients_public/
support_programs/
Alcohólicos Anónimos—www.aa.org
Recuperación tras el dolor—www.griefshare.org
Niños con discapacidades—www.joniandfriends.org
Recuperación tras el divorcio—www.divorcecare.org
Recuperación tras el divorcio para niños—www.dc4k.org
Celebración de la recuperación—www.celebraterecovery.com
Apoyo a cuidadores—www.caregiver.com

Pueden surgir amigos de apoyo de uno de esos grupos, pero también pueden provenir de muchas otras fuentes. Mantenga su corazón y su mente abiertos a las personas que Dios ponga en su camino. Puede hacer amistad en el hospital o en la sala espera del doctor, o en la terapia física. La persona que está en el cubículo al lado de usted puede necesitar una palabra amable, o la mamá que es vecina suya puede necesitar un abrazo. No sólo hable de sus propias necesidades; descubra cuáles son las de ellos. Muévase en el lugar donde está usted en este momento. Puede que piense que no tiene la energía o el tiempo para hacer una nueva amistad, pero si utiliza las oportunidades que hay en su nueva situación para establecer una conexión, experimentará el gozo de las nuevas amistades.

Tenga un interés genuino por otros, y ellos tendrán un interés por usted. Sea de aliento para otros, y se encontrará usted misma alentada también. Ame a alguien a quien resulte difícil amar, y puede que derribe el muro que rodea su corazón y encuentre una nueva amiga.

Mientras busca una amiga, sea usted misma amiga. El resultado será un corazón lleno de gozo al haber levantado a otra persona. Si damos el primer paso para tocar la vida de otra persona, puede que nos sorprendamos por la conexión que seguirá. Salomón nos recuerda: "Hay amigos más fieles que un hermano".[2] Busquemos ser una verdadera amiga cuidando de otros, porque cuando lo hagamos, descubriremos que también nosotras seremos cuidadas.

MANTENER FUERTE UN MATRIMONIO AL PASAR MOMENTOS DUROS

Cuando era niña, Kim se imaginaba en un matrimonio de cuento de hadas viviendo "felices para siempre", pero eso no es exactamente en lo que se convirtió su matrimonio con Richard. De hecho, Kim y Richard se casaron, después se divorciaron, luego volvieron a casarse, se separaron, y volvieron a vivir juntos. En ciertos aspectos, su matrimonio ha sido más una montaña rusa que un cuento de hadas; sin embargo, su matrimonio es un testimonio del amor y la esperanza de Dios.

Kim será la primera en decirle que como matrimonio joven, ellos vivían vidas alocadas y egoístas. Se señalaban el uno al otro culpándose, trazaban unas cuantas líneas en la arena, y esperaban que el otro cambiase para satisfacer las propias necesidades. Tanto Richard como Kim admiten que había un poco de orgullo por ambas partes (¿quién entre nosotros no ha estado ahí?), pero mediante la ayuda de amigos amorosos, fueron capaces de llegar a un punto de reconciliación en dos ocasiones. Dios comenzó a obrar en los corazones de Kim y de Richard, ayudándolos a aceptar el hecho de que su matrimonio era un compromiso de por vida.

Aprender a morir al yo les ha capacitado para acercarse y avanzar. Ahora Richard y Kim están totalmente enamorados el uno del otro. Ella dijo que es casi como la etapa de la luna de miel, pero mejor. Ellos han aprendido verdaderamente a amar de forma semejante a Cristo, pensando en el otro en lugar de vivir simplemente para el yo. Kim dice que ella les dice a las parejas casadas dos cosas de lo que ellos han aprendido de su propia experiencia: morir al yo y nunca perder la esperanza. Ella dijo: "Justamente cuando estén pasando un momento difícil, tengan esperanza; podría haber un cuadro hermoso al otro lado de la esquina". Uno de los versículos bíblicos favoritos de Kim es: "Al que puede hacer muchísimo más que todo lo que podamos imaginarnos o pedir, por el poder que obra eficazmente en nosotros".[3]

La historia de Richard y Kim es un recordatorio para todas nosotras de la importancia de mantener fuertes nuestros matrimonios y el gozo de amarnos verdaderamente el uno al otro. Su historia es también un recordatorio de que necesitamos la ayuda y la guía de Dios para vivir vidas desprendidas. Morir al yo no se produce de modo natural; más bien, viene sobrenaturalmente de un Dios que sin egoísmo envió a su Hijo a morir por nosotros. A fin de prosperar, el matrimonio necesita un mantenimiento continuo, especialmente durante los giros difíciles e inesperados de la vida. Con la fortaleza y la dirección de Él podemos encontrar esperanza por encima de lo que nunca podríamos pedir o imaginar. Dios puede resucitar un amor entre usted y su cónyuge, aun cuando usted crea que la relación está muerta y terminada.

Mantener fuerte un matrimonio durante los momentos normales es difícil, pero cuando llegan los desafíos o hasta la tragedia, puede parecer imposible. Pero usted y su esposo necesitan funcionar como un equipo y unir fuerzas para apoyarse en lugar de trabajar el uno contra el otro, en especial durante los momentos difíciles. Los siguientes son algunos puntos para hacer y no hacer y tenerlos en mente en medio de circunstancias problemáticas.

Permanecer conectados mediante la comunicación. Con frecuencia, hacemos suposiciones sobre lo que la otra persona piensa o hace. Dialoguen sobre expectativas, deseos y detalles. Compartan también sus temores, preocupaciones y esperanzas. No suponga que su esposo sabe cómo se siente usted o entiende por lo que está usted pasando.

Aceptar las diferencias. A medida que usted y su esposo manejan el estrés o la pérdida, reconozcan que puede que manejen la situación y el dolor de forma distinta. Aprecien las diferencias; no permitan que les molesten.

Hablarse con amor y respeto. Edifique a su esposo con sus palabras y su tono de hablar. Los dos están luchando y necesitan aliento. Dé, y le será dado. Si usted da enojo y falta de respeto, ¿imagina lo que recibirá?

Apartar un tiempo regular para dialogar. Una cita nocturna regular sería algo estupendo, si es posible. Programen una visita cara a cara; y usted no siempre tiene que hablar de sus problemas. Compartir otras partes de sus vidas puede refrescar su relación. Ríanse juntos; es una buena medicina.

Comenzar a orar juntos cada noche. A medida que usted y su esposo acudan juntos al Señor, comienzan a unirse de forma más profunda espiritualmente, pero también le están entregando a Dios sus preocupaciones. Juntos, comienzan a reconocer que las soluciones no están todas en manos de ustedes. El resultado final descansa en las manos de Dios.

Permanecer flexibles. Usted y su esposo puede que vean la situación desde distintos ángulos. Esté abierta a la opinión de él, y pídale amablemente que esté abierto a la de usted. Aliéntense el uno al otro a considerar la perspectiva y el punto de vista del otro. Dios les ha puesto juntos como equipo, y cada uno de ustedes aporta dones y percepciones únicas a la mesa. Esté dispuesta a renunciar considerar su propia forma de ver las cosas como única. Es extraño, pero a veces nuestro esposo puede tener la razón. ¡Imagine eso!

Buscar consejería si la necesita. Si observa que usted y su esposo están comenzando a trabajar en contra del otro o se están alejando, un consejero con base bíblica o pastor de su iglesia puede ayudar a solucionar algunos de los problemas. Quizá podrían visitar a otra pareja que haya atravesado una situación parecida. Si siente que necesitan consejo pero su esposo no quiere, entonces vaya usted sola para que le ayude a obtener una nueva perspectiva y consejo.

Las siguientes son algunas áreas a evadir en su matrimonio:

No tomar apuntes. Deje que le diga en este momento que, si va tomando apuntes, lo más probable es que su esposo nunca haga lo suficiente. Y él puede estar pensando lo mismo de usted si él es quien va tomando apuntes. Sí, cada uno tiene distintas responsabilidades, pero no mantengan una hoja de cuentas mental. Dé sin expectativas. Ninguno de los dos puede siempre estar a la altura del estándar del otro, así que dejen de jugar a ese juego.

No esperar que su esposo satisfaga sus necesidades emocionales. Mantenga fuerte su vida de oración y acuda a Dios con sus necesidades emocionales. Una buena amiga, un diario o una consejera pueden ayudarle con las emociones que usted sienta. Recuerde: su esposo ni está equipado ni nació para llenar el vacío emocional de usted. En última instancia, solamente Dios puede sanar sus emociones heridas.

No albergar falta de perdón o amargura. Es momento de soltar el derecho a mantener algo contra su esposo. Recuerde que perdón no significa que usted le vaya a permitir que haga de nuevo cualquier cosa que hiciera. Establezca límites sanos. Ya hemos hablado de perdón en el capítulo 6, así que puede que quiera volver a repasarlo. En obediencia a Dios, debemos perdonar.

No gritar, acusar, culpar o degradar a su esposo. Ocupe el terreno alto y comuníquese amorosamente con su esposo a fin de solucionar los problemas que afronten. Gritar y degradar a su esposo, especialmente delante de los niños, son actos bastante impropios para una mujer.

Esté usted casada o no, estos puntos que hacer y que evitar pueden ayudarle en su relación con los amigos y los familiares que le rodean y que le están ofreciendo su apoyo. Repase estos principios con frecuencia, pues le ayudarán a relacionarse con otros en los malos momentos y también en los buenos. Si está pasando por un momento difícil, lo último que querrá es que las relaciones importantes en su vida fallen. Para mejor o para peor, usted necesita el apoyo de los demás.

Un pensamiento de humildad

Nunca somos tan parecidas a un niño de dos años como cuando tenemos la actitud de decir: "¡Puedo hacerlo por mí misma!". Sí, esos pequeños niños intentan expresar su independencia demandando hacer las cosas a su manera o tratando de demostrar que pueden lograrlo todo por sí mismos. Pero parte del proceso de madurez y de prosperar es aprender que no podemos hacerlo todo por nosotras mismas. Dios provee otras personas para aconsejarnos y ayudarnos. Realmente sí nos necesitamos los unos a los otros; y finalmente, todos necesitamos al Señor.

Jill Rigby, autora de *Raising Respectful Children in a Disrespectful World*, relata la historia de cuando ella dio contra un importante bajón inesperado en su vida. Después de veinte años de matrimonio, su esposo entró en su casa un día y le dijo que se iba. Sus hijos gemelos tenían sólo doce años de edad en ese momento. Jill dice que ella tocó fondo, incapaz de seguir adelante por sí misma. Su madre se trasladó para ayudarle con los niños y llevar la casa. Jill recuerda que, en su momento más bajo, su madre literalmente le ayudaba a bañarse y a lavarse el cabello; y hasta cepillaba los dientes a Jill.

Jill había sido cristiana desde los siete años de edad, pero nunca había experimentado una crisis importante en su vida, y ciertamente nunca pensó que se divorciaría. Todos los sueños que tenía para su vida de repente se desvanecieron cuando su esposo salió por la puerta. Ella quedó casi paralizada, y no podía sentir la presencia de Dios. Su madre fue un regalo de Dios para ayudarla con sus necesidades básicas, pero un día permanece en la memoria de Jill como el momento decisivo en su batalla. Su madre había salido de la casa un rato. Jill entró en su cocina una fría mañana de noviembre, y el sol entraba por la ventana; le dio en la cara y dio calidez a todo su cuerpo. Ella siempre había comparado la calidez del sol con la calidez que el Espíritu Santo trae a nuestra vida. En ese momento, de manera muy real, ella estaba sintiendo el amor de Dios.

Jill comenzó a avanzar ese día cuando oró a Dios pidiendo ayuda. Hasta llegó a decirle a Dios: "No puedo evitar que tú me ayudes. Estoy deshecha. Es todo tuyo". Dios se convirtió en su fortaleza para seguir adelante, y ella reconoció que no podía hacer nada sin Él. Cuando su madre regresó a la casa y vio a Jill levantada y secándose el cabello, la miró a la cara y supo que Jill había vuelto. Las dos se abrazaron y lloraron un largo rato. Dios estaba sanando el corazón de Jill. Su madre fue un regalo tangible de Dios, dado para ayudarla en el proceso.

La historia de Jill ofrece un cuadro del poder sanador de nuestro Señor y también del precioso regalo que Él nos hace en otras personas. En última instancia, las personas no pueden sanar nuestras heridas más profundas; solamente Dios puede hacerlo. Sin embargo, las personas que Dios pone en nuestra vida pueden ser el bálsamo que necesitamos en el proceso de sanidad. No aleje a los demás en su dolor; invítelos a entrar en su círculo. Ellos pueden orar por usted, aconsejarle, y sencillamente estar ahí para darle un abrazo.

Un paso adelante

 **Puntos**

- Dios usa a las personas en nuestra vida para ayudarnos y darnos apoyo.

- No aleje a las personas que Dios le traiga. Escuche su consejo y permita que le apoyen.
- Haga nuevas conexiones interesándose sinceramente por otros.
- Edifique las relaciones que surjan de grupos de apoyo y de otras personas que estén pasando por desafíos similares.
- Mantenga fuerte su matrimonio mediante una comunicación sana.
- Aunque finalmente nuestra sanidad viene de Dios, los amigos pueden ser un bálsamo para ayudar en el proceso de sanidad.

PASAJE: ROMANOS 12:9-16

El amor debe ser sincero. Aborrezcan el mal; aférrense al bien. Ámense los unos a los otros con amor fraternal, respetándose y honrándose mutuamente. Nunca dejen de ser diligentes; antes bien, sirvan al Señor con el fervor que da el Espíritu. Alégrense en la esperanza, muestren paciencia en el sufrimiento, perseveren en la oración. Ayuden a los hermanos necesitados. Practiquen la hospitalidad. Bendigan a quienes los persigan; bendigan y no maldigan. Alégrense con los que están alegres; lloren con los que lloran. Vivan en armonía los unos con los otros. No sean arrogantes, sino háganse solidarios con los humildes. No se crean los únicos que saben.

ORACIÓN

Padre amoroso y fiel, te alabo, porque tú nunca me abandonarás. Gracias por ser el amigo perfecto. Gracias por sanar mi corazón herido. Gracias por las personas que tú has enviado a mi vida. Ayúdame a permanecer conectada a ellas. Por favor, fortalece mis relaciones y enséñame a ser una buena amiga para otros. Abre mis ojos a nuevas relaciones que estén listas para formarse y dame la gracia de hacer conexiones duraderas con otros. En el nombre de Jesús, amén.

 PLAN

1. Escriba una nota o un mensaje de correo electrónico a alguien (familiar o amiga) que haya sido un apoyo para usted, y dé las gracias a esa persona por ser una parte de la mano sanadora de Dios en su vida. Diga a su amiga varias cualidades que agradece en ella, y asegúrese de incluir una sincera dosis de aliento.

2. Si está casada, tome un momento hoy para decirle a su esposo que le quiere y le aprecia.

3. Esta semana propóngase orar intencionadamente por sus relaciones, pidiendo al Señor que fortalezca las relaciones actuales y abra sus ojos a otras nuevas.

La verdadera forma para suavizar los problemas
de alguien es consolar los de otros.

Madame de Maintenon

11

La vida no es un deporte de espectadores

*Utilizar las capacidades que Dios le ha dado
para ser una bendición para este mundo*

*Den, y se les dará: se les echará en el regazo
una medida llena, apretada, sacudida y desbordante.
Porque con la medida que midan a otros,
se les medirá a ustedes*

Lucas 6:38

Cuando el hijo de Beth, Kurt, nació con el síndrome de Goldenhar, ella inmediatamente supo que su vida iba a discurrir por un camino nuevo y distinto al que ella originalmente pensó. El síndrome de Goldenhar incluye una gama de diferentes anormalidades para el niño, primordialmente craneofaciales. Beth le diría que ha sido un viaje hermoso al igual que desafiante. En las dieciocho operaciones que Kurt ha sufrido, Beth conoció a muchos padres que sufrían y que atravesaban similares desafíos. Los padres sentían una especial conexión. Beth se convirtió en un útil apoyo para los otros padres, mientras que Kurt se convirtió en un aliento para miles de jóvenes.

Cuando Kurt tenía siete años de edad, le invitaron a hacer un papel en el popular programa para niños *Barney & Friends*. Debido a la propia discapacidad auditiva de Kurt, hizo el papel de "Jason", un niño con mala audición en el programa. Kurt llevó esperanza a muchos niños con desafíos. El noventa por ciento de sus cartas de fans eran de niños con discapacidades. Niños que no llevaban sus audífonos vieron a Kurt llevar el suyo y decidieron ponérselos. Ahora Kurt (que tiene veintitrés años) está planeando trabajar en la industria médica. Ha servido a otros en el campo misionero en la República Dominicana y México, y le encantaría un día usar sus capacidades médicas también en el trabajo misionero. Kurt sabe lo que es recibir ayuda, y ahora le encanta devolver el favor.

No queremos malgastar nuestro dolor, y una de las formas en que podemos usarlo es ser de aliento o de apoyo para otros. Dios puede usar cada decepción en nuestra vida como una cita para levantar a otra persona. No hay mayor alegría que saber que está usando su experiencia o hasta su dolor para llevar ayuda y esperanza a otra persona.

Una de las mejores maneras de salir de su propia rutina es ayudar a otros a salir de la de ellos. Podemos aprender el gozo que viene de alcanzar a otros en cualquier edad. La siguiente es una idea de mi amiga Jennifer, que utilizó algo tan sencillo como una fiesta de cumpleaños como una oportunidad para ayudar a otros:

Jen estaba lista para hacer algo diferente para la fiesta del sexto cumpleaños de su hija. Su hija no necesitaba más juguetes que añadir a los que ya tenía, así que a Jen se le ocurrió la idea de no sólo celebrar el cumpleaños de su hija, sino también enseñar a los niños compasión de manera muy especial. Fue a una de las tiendas locales de artículos a un dólar con su cámara y tomó fotografías de una variedad de distintos artículos. ¡Estoy segura de que los empleados debieron de pensar que Jen era un poco rara!

Jen llegó a su casa, imprimió las fotografías, y las pegó en tarjetas. Todos los niños fueron invitados a llevar cinco dólares en lugar de un regalo. Cuando llegaron a la fiesta, fueron a la tienda de artículos a un dólar y realizaron una búsqueda. Es correcto. Se les dieron cinco tarjetas de artículos que tenían que encontrar, y esos preciosos pequeños asistentes a la fiesta buscaron por la tienda para encontrar sus artículos. Aquello probablemente fuese algo increíble para la tienda. No muchas personas escogen celebrar sus fiestas allí. Los niños buscaron alegremente sus artículos y los compraron.

Lo siguiente en la fiesta era el hogar para niños local. Jen ya había llamado con anterioridad para saber qué tipo de juguetes querrían los niños, y programó un rato para llevarles los regalos. Los niños de la fiesta lo pasaron genial, llevando los juguetes de la tienda de artículos a un dólar para entregarlos a las niñas del hogar para niños. ¡La fiesta fue un gran éxito! Los niños en el hogar recibieron amor y dulces regalos, y los niños de la fiesta experimentaron la alegría que viene de interesarse por otros.

La compasión viene del Señor

Jesús fue el cuadro perfecto de la compasión. Él se acercó a los enfermos, los paralíticos, los ciegos, los heridos; y alentó a sus seguidores a hacer lo mismo. Él nos enseñó a mirar por encima de nuestras propias necesidades y ver las necesidades de otros. Jesús nos dio un ejemplo de lo que significa amar verdaderamente a otros mediante la ilustración del buen samaritano. Aquí está la historia:

> Bajaba un hombre de Jerusalén a Jericó, y cayó en manos de unos ladrones. Le quitaron la ropa, lo golpearon y se fueron, dejándolo medio muerto. Resulta que viajaba por el mismo camino un sacerdote quien, al verlo, se desvió y siguió de largo. Así también llegó a aquel lugar un levita, y al verlo, se desvió y siguió de largo. Pero un samaritano que iba de viaje llegó adonde estaba el hombre y, viéndolo, se compadeció de él. Se acercó, le curó las heridas con vino y aceite, y se las vendó. Luego lo montó sobre su propia cabalgadura, lo llevó a un alojamiento y lo cuidó. Al día siguiente, sacó dos monedas de plata y se las dio al dueño del alojamiento. Cuídemelo —le

dijo—, y lo que gaste usted de más, se lo pagaré cuando yo vuelva.[1]

En este cuadro de compasión, Jesús nos enseña lo que es realmente morir al yo. Creo que una de las razones de que esta historia toque mi corazón es que ese samaritano no se acercó para ayudar a un amigo, ni siquiera a alguien que le caía bien. Estaba ayudando a un hombre de una cultura que le despreciaba. ¿Cuándo fue la última vez que usted se acercó para ayudar a alguien que no le caía bien? Para ser bastante sincera, a mí a veces me resulta difícil recorrer la segunda milla por personas a quienes caigo bien, mucho menos por mis enemigos. Pero ahí está el samaritano, que dio su amor, su cuidado, su tiempo y su dinero. Creo que este tipo de compasión es una compasión del tamaño de Dios. La Biblia nos dice que Dios es "clemente y compasivo, lento para la ira y grande en amor y fidelidad".[2] Si queremos ver el cuadro definitivo de compasión, podemos mirar a Jesús mismo, quien no sólo se preocupó por sus enemigos sino también murió por ellos. Si somos sinceras con nosotras mismas, hablando en general, cada una de nosotras tiende hacia el egoísmo. La buena noticia es que podemos acudir a un Dios compasivo y pedirle que abra nuestros ojos a las necesidades que nos rodean. Él ha equipado a cada una de nosotras con formas de poder bendecir a otras personas. Con frecuencia, mediante nuestro dolor y nuestras luchas es como obtenemos sabiduría y experiencia para ayudar a otros.

Escojamos ser como el buen samaritano, quien tenía un corazón compasivo y dio de su tiempo y sus recursos para tocar otra vida. En lugar de alejarse del que sufría, caminó hacia él y alivió sus heridas con lo que tenía. Que el Señor abra nuestros ojos a las necesidades que nos rodean. Hay personas a las que podemos aliviar con palabras alentadoras porque nosotras hemos pasado por eso antes. Hay otras a las que podemos bendecir dando de nuestro tiempo o de nuestro dinero. Señor, guíanos por tu camino de compasión.

Flores marchitas – maravillosa oportunidad

Edna Ellison es escritora y conferencista, y vive en Spartanburg, Carolina del Sur. Ella relata la historia de cómo Dios sacó belleza de una situación desafiante. Dios no sólo le dio un milagro especial para la boda de su hija, sino que también ella pudo bendecir la vida de otra persona en el proceso. Dejaré que ella misma cuente la historia:

EL MILAGRO DE LA MAGNOLIA
Por Edna Ellison

"Mira que estoy a la puerta y llamo."
Apocalipsis 3:20

Comenzó como un extraordinario fin de semana. Mi única hija, Patsy, se casaba el sábado, día 17 de junio de 1989. Yo había trabajado durante meses para ocuparme de que todos los detalles estuvieran listos: haciendo muchas visitas a nuestra florería local para los ramos del novio y de las damas de honor, para la solapa de la chaqueta del novio, y para la decoración de la iglesia, y luego a otra florería distinta para la decoración para la recepción en Newberry, a 30 millas de distancia, donde Patsy y su prometido, Tim, iban a casarse. La iglesia estaba al otro lado de la calle de su nuevo hogar, y en la misma carretera del lugar de su primer empleo a jornada completa. Mi florista sugirió que podría ahorrar dinero si pedía prestadas flores a mis amigas y las llevaba a Newberry. Yo conocía a muchas amigas que tenían lozanas magnolias en flor, así que lo organicé para recoger con una camioneta las magnolias la noche antes de la boda. Tim y Patsy se ofrecieron a ayudarme a ponerlas delante en el santuario.

Llevar a la novia hasta el altar no fue problema. Mi hijo, Jack, se ofreció a hacerlo, ya que su padre había muerto cinco años antes. Él bromeaba con Patsy y decía que quería entregarla desde que tenía unos tres años de edad.

La tía de Tim quería cocinar el pastel de bodas, y yo temí que pudiera estar cubierto de columnas de plástico o de unas figuras baratas de novio y novia que se caerían en mitad de la recepción. Entonces ella me dijo que pondría capullos de rosas blancas en las capas, y yo tuve un nuevo temor: ¡hormigas u otros insectos subirían hasta el pastel y caminarían sobre él cuando lo partiéramos para los invitados! (No debería de haberme preocupado; estaba delicioso, y más adelante supe que ella es una estupenda chef.)

También me preocupaba el pastel de chocolate del novio, el vestido de Patsy, los nombres grabados en las servilletas, el sombrero blanco de los chefs en la recepción, la forma en que cortarían el asado, el hielo para el ponche, la llegada puntual del ministro, y todos los demás pequeños detalles del día.

La noche antes de la boda, los padres de Tim organizaron una maravillosa cena de ensayo, y después Patsy, Tim y yo rodeamos el coro en el santuario de hermosas magnolias. Cuando nos fuimos aquella noche, el santuario era una maravilla de grandes flores blancas y hojas verdes. Antes de irnos, dejamos el aire acondicionado a baja temperatura para que las flores se mantuvieran frescas durante la noche.

Al día siguiente, mientras Patsy se vestía, Tim y yo fuimos a revisar las flores. Cuando abrimos la puerta del santuario, nos golpeó un aire caliente (descubrimos después que una tormenta eléctrica aquella noche había estropeado el aire acondicionado). Para sorpresa mía, ¡todas las flores estaban negras! ¡Negras totales, flores muertas!

Tim me pidió que fuese a la comunidad para conseguir más magnolias y él me ayudaría a ponerlas en cuanto se pusiera su faja y su esmoquin. Yo me fui rápidamente, me metí en mi auto, buscando magnolias blancas. Podía ver árboles en la distancia blancos por arriba. Me detuve delante de los árboles que tenían hermosas magnolias. Oré por tres cosas: seguridad al cruzar el jardín (sin un perro que pudiera surgir de los arbustos y morderme la pierna), una persona agradable que respondiera a la puerta, ¡y un dispuesto donante de magnolias sin que sacase una pistola cuando yo le pidiese que hiciera pedazos su árbol!

El anciano que salió a la puerta parecía bastante agradable. Ninguna pistola. Ningún perro. Se subió a una escalera y me entregó muchos ramos de magnolias. Cuando puse el último ramo en mi auto, dije:

—Señor, usted ha hecho muy feliz a la madre de una novia.

—No—dijo él—. Usted no entiende lo que sucede, ¿verdad?

Antes de que yo pudiera responder, él dijo:

—Mire, mi esposa, con quien estuve casado 67 años, murió el lunes. Recibimos a amigos en la funeraria el martes. El miércoles…

Hizo una pausa. Tragando saliva, dijo:

—El miércoles la enterré. El jueves, mis familiares que viven fuera regresaron a su casa, y el viernes (ayer) mis hijos regresaron a sus casas en Greenwood. Esta mañana yo estaba sentado en mi oscura sala de estar, llorando amargamente. Le dije a Dios: ¿quién necesita a un viejo y desgastado hombre de 86 años? ¡Nadie! Entonces, usted inmediatamente llamó a mi puerta y dijo: 'Señor, le necesito'. Cuando abrí esa puerta, la luz inundó la sala alrededor de su cabeza. ¿Es usted un ángel?

Yo le aseguré que no era ningún ángel.

Entonces escuché a medida que él me contó sus ideas para tener un ministerio con flores, dando sus magnolias y también sus margaritas a quienes necesitasen aliento en el vecindario.

Creo que Dios hizo un milagro aquel día. Él sabía que yo podía alentar a aquel hijo suyo de 86 años, así que me sacó de la iglesia y me envió al mundo al mandar la tormenta para que destruyese mis flores. Después me envió al hogar de su hijo, en su momento.

Dios a menudo hace coincidir su voluntad con nuestras necesidades; ¡hace milagros para su gloria![3]

Es algo hermoso cuando podemos convertir nuestras decepciones en una brillante luz para tocar la vida de otra persona. La historia de Edna nos recuerda que Dios puede sacar belleza aun en medio de las decepciones. La vida es más significativa cuando tocamos y bendecimos las vidas de otros. Que el Señor abra nuestros ojos a las oportunidades de utilizar nuestras decepciones para ayudar a levantar a otra persona.

UN RAYO DE SOL

La sonrisa de Kelsi podría disipar las oscuras nubes de cualquiera. En sus muchas operaciones y tratamientos, ella siempre parecía tener un espíritu agradecido y un deseo de levantar a otros. Nació con fibrosis quística y también con otras complicaciones, pero Kelsi era una alegre valiente. Aun cuando tenía un tubo de oxígeno en su nariz y otros tubos insertados en su cuerpo, ella se las arreglaba para sonreír a visitantes y amigos. Ella dio más alegría en sus cortos trece años en esta tierra de la que la mayoría de la gente ofrece a otros en toda una vida.

La familia de Kelsi la rodeaba de amoroso cuidado y apoyo, pero había un vínculo especial y único entre Kelsi y su madre, Michelle. El trasfondo de Michelle es de enfermera, así que pudo ocuparse de las necesidades médicas de Kelsi y de sus numerosos tratamientos. Puede imaginar que el dolor golpeó duro a Michelle cuando Kelsi se fue a su hogar celestial.

Ocho días después del servicio memorial de Kelsi, a Michelle se le ocurrió una idea. Comenzó una página web llamada Kelsi´s Kind Heart (www.kelsiskindheart.com) a fin de honrar la vida de Kelsi y continuar con su legado. Es un lugar de inspiración y esperanza. Sabiendo que Kelsi continuamente mostraba bondad e interés a otros, Michelle y su esposo fundaron Kelsi´s Kind Heart con el propósito de dar a otros que pudieran necesitar un empujón y para realizar y fomentar actos de bondad. Ellos regalan cestas de alimentos y regalos a familias en Navidd; hacen regalos a niños en el hospital. Donan dinero a la Fundación de la Fibrosis Quística, y hasta comenzaron un fondo para becas universitarias en honor a Kelsi para algún receptor que la merezca que esté en su condado 4-H. A Kelsi le encantaba el 4-H, ¡y hasta mostró a su cerdito un año mientras llevaba su tanque de oxígeno en su mochila!

Michelle comenzó a escribir pensamientos sobre la bondad y poemas para bendecir a otros, pues eso le ayudó a ella a atravesar parte de su dolor. Aunque Michelle aún sufre, ha aprendido a apoyarse en su fe en Dios y a pasar día a día. También ha encontrado fortaleza en la alegría de dar a otros.

Quiero concluir este capítulo no con mis propias palabras, sino con las de Michelle. Será usted bendecida por la perspectiva y la sabiduría que fluyen por medio de esta preciosa mujer a la vez que reflexiona en los actos de bondad de su propia hija. Lo siguiente es de la página web de Kelsi's Kind Heart:

Cuando hacemos buenas obras, normalmente tienen un efecto en cadena. Las personas que han recibido buenas obras o han experimentado bondad por parte de otros comprenden lo bien que les hizo sentir o cómo les ayudó. Ellos, a su vez, hacen una buena obra por otra persona, o a veces devuelven un favor a la misma persona. Esto conduce a que ambas partes sean bendecidas: el dador y el receptor.

La Biblia dice: "Hay tiempo para dar y tiempo para recibir". Un sabio amigo nos recordó eso una vez cuando fue muy generoso haciendo una buena obra por nosotros. Hay veces en que sus obras o su bondad pueden llegar a la persona cuando se siente perdida, o agotada, y puede cambiar su día entero o su actitud. Usted puede levantar el ánimo a alguien, más de lo que nunca llegará a entender, con un sencillo gesto de bondad. Le aliento a que experimente el sentimiento de dar a otros. Hay muchas maneras de dar, no sólo económicamente; ¡sea creativo! El término "pago adelantado" es muy importante. No se refiere a dinero, sino a una buena obra o acto de bondad.

Los siguientes son algunos ejemplos de cosas que podemos hacer.

1. Mantener abierta la puerta para la persona que nos sigue.
2. Llevar flores a una persona anciana.
3. Entregar una nota positiva o un capricho a un compañero de trabajo.
4. Cuando sienta que alguien ha hecho un buen trabajo, dígaselo.
5. Enviar una tarjeta o una nota a una persona que esté en el hospital, que esté enferma o sin poder salir de su casa.

6. Enviar una tarjeta o un paquete de cosas a un niño que esté en el hospital o enfermo en su casa.

7. Escribir una nota de gratitud a alguien que haya marcado una diferencia en su vida.

8. Perdonar a alguien.

9. Detenerse por un peatón que esté esperando a cruzar la calle.

10. Sorprender a su vecino con una pizza; a todo el mundo le gusta la pizza. Si pide una para su familia, pida otra extra y llévesela a su casa.

11. Permita que alguien que lleva pocos artículos pase delante de usted en la caja del supermercado.

12. Cuando vaya conduciendo, permita pasar a alguien a su carril si está intentando hacerlo.

13. Recoja artículos para un banco de alimentos o para apoyar otras causas. No piense siempre en que otra persona lo hará. Todos pueden estar pensando lo mismo.

14. Si le gusta hornear, lleve a una amiga o vecina algunas galletas. Esta es una buena manera de que sus hijos participen.

15. Sonría a alguien con quien esté en contacto en su vida cotidiana.

16. Envíe dinero en una tarjeta de forma anónima a alguien que pudiera alentarle; aun si no le ayudó por completo, usted recibió la bendición.

17. La Biblia nos dice que nos ocupemos de las viudas y los huérfanos. Lleve comida a una viuda o un viudo, o sólo revise cómo están. Done ropa, comida o juguetes —especialmente en Navidad— a un hogar infantil local. Esta es una forma muy especial de hacer

que sus hijos participen en ayudar a otros. Sus hijos aprenderán a dar y ayudar por el ejemplo de usted.

Estas son sólo unas cuantas; hay muchas más. Recuerde siempre que es a Dios a quien queremos agradar, impresionar, y a quien intentamos parecernos, y no a nuestros iguales. Jóvenes y viejos, todos necesitamos recordar eso.

¿Se siente inspirada? Sé que yo lo estuve. Por favor, visite la página web para leer los poemas y las inspiraciones escritos por Michelle y la familia y los amigos de Kelsi. Esos escritos le bendecirán e inspirarán su bondadoso corazón. Ciertamente, todos queremos ser dadores de bondad y bendecir a las personas que Dios pone en nuestra vida, al igual que Kelsi. Cuando hacemos brillar la bondad de Dios sobre otros, ¡nosotras mismas somos llenas de un próspero gozo y paz!

Un paso adelante

 Puntos

- Mediante nuestro dolor y experiencia, podemos ayudar a otros.
- Esté abierta a las oportunidades que le rodean y a las maneras únicas en que Dios puede usarle.
- Todas tenemos la capacidad de bendecir a otra persona de alguna manera.
- Dios puede que le use para tocar a una persona.
- Dios puede que le use para ayudar a muchas personas.
- Permita que la bondad de Él brille por medio de usted sobre las personas que se encuentre cada día.

PASAJE: ROMANOS 12:1-8

Por lo tanto, hermanos, tomando en cuenta la misericordia de Dios, les ruego que cada uno de ustedes, en adoración espiritual, ofrezca su cuerpo como sacrificio vivo, santo y agradable a Dios. No se amolden al mundo actual, sino sean transformados mediante la renovación de su mente. Así podrán comprobar cuál es la voluntad de Dios, buena, agradable y perfecta.

Por la gracia que se me ha dado, les digo a todos ustedes: Nadie tenga un concepto de sí más alto que el que debe tener, sino más bien piense de sí mismo con moderación, según la medida de fe que Dios le haya dado. Pues así como cada uno de nosotros tiene un solo cuerpo con muchos miembros, y no todos estos miembros desempeñan la misma función, también nosotros, siendo muchos, formamos un solo cuerpo en Cristo, y cada miembro está unido a todos los demás.

Tenemos dones diferentes, según la gracia que se nos ha dado. Si el don de alguien es el de profecía, que lo use en proporción con su fe; si es el de prestar un servicio, que lo preste; si es el de enseñar, que enseñe; si es el de animar a otros, que los anime; si es el de socorrer a los necesitados, que dé con generosidad; si es el de dirigir, que dirija con esmero; si es el de mostrar compasión, que lo haga con alegría.

ORACIÓN

Dios de consuelo y fortaleza, te alabo por tu bondad y misericordia hacia mí. Gracias por tu presencia en mi vida. Gracias por oír mis oraciones. Abre mis ojos a las oportunidades que me rodean para bendecir a otras personas. Cambia mi punto de vista, de la desesperación al interés. Muéstrame cómo cuidar de las personas que me rodean, usando los dones únicos que tú me has dado. Gracias, Señor, porque me has equipado para bendecir a otros. Dame la valentía de dar un paso adelante. En el nombre de Jesús, amén.

 ## PLAN

¿A quién puede bendecir en este momento? En el espacio siguiente, escriba el nombre de alguien en su vida a quien pueda acercarse y ofrecer ayuda. Puede ser una sonrisa, un abrazo, un oído que escucha, una oración, una nota, un viaje al supermercado, ayuda con los niños, o una comida. Haga algo, aun si sólo es algo pequeño, para alegrar el día a otra persona. Escriba lo que hizo en las siguientes líneas.

Nombre: _____

Cómo me acerqué a esta persona: _____

_____

_____

Las dificultades han de elevar, no desanimar.
El espíritu humano ha de fortalecerse por el conflicto.
William Ellery Channing

12

Fortaleza del alma

Descubrir su capacidad de perseverar

Cuando te llamé, me respondiste;
me infundiste ánimo y renovaste mis fuerzas.

Salmo 138:3

—◌—

L A CARTELERA DICE: ¿Abandonar yo? Nunca. La siguiente
línea dice: Elevarse más. Pasarlo. Al lado del texto está
la fotografía de una joven adolescente rubia sosteniendo
una tabla de surf con su mano derecha, mientras le falta todo su
brazo izquierdo. Quizá esté familiarizada con la historia de Bethany Hamilton, una surfista de trece años de edad que sobrevivió
a un grave ataque de un tiburón en la costa de Kauai, Hawai, en
octubre de 2003.

Cuando Bethany era una niña, sus padres comenzaron a enseñarle a
hacer surf; también le enseñaron sobre tener una relación con Jesucristo. Bethany dice que fue su fe en Cristo y su paz lo que le hicieron
pasar esa experiencia desafiante.

La actitud positiva de Bethany y su determinación son evidentes
para todo aquel que la conoce. Menos de un mes después del ataque y de perder su brazo, regresó otra vez al agua. Estaba decidida a
alcanzar su meta de ser campeona del mundo de surf. Cuando entró
en las competiciones, se negó a recibir un trato especial porque quería competir al mismo nivel que los demás participantes. En 2005

obtuvo el primer lugar en el Campeonato Nacional y ahora tiene una larga lista de logros, premios, y honores. Ha sido entrevistada por los medios de comunicación nacionales y extranjeros, y ha escrito varios libros y devocionales, incluyendo un libro sobre su propia historia titulado *Soul Surfer*. La historia de Bethany también se está convirtiendo en una película.

Ella dice: "Mi mamá y yo estábamos orando, antes del ataque del tiburón, que Dios me usara". ¡Y Él lo ha hecho! Su testimonio es poderoso, y su perseverancia ofrece un cuadro de esperanza y de resistencia a personas en todo el mundo. Bethany dice: "Valentía no significa que uno no tenga miedo; valentía significa que uno no permite que el miedo le detenga".[1] Bethany continúa haciendo surf en competiciones y también alcanza a otros con su inspirador mensaje para ayudar a personas a sobreponerse a la adversidad por grande que sea. Es presidenta de la fundación Beating the Odds y portavoz de World Vision. Puede leer más sobre ella en su página web (Bethanyhamilton.com), la cual afirma que "la historia de Bethany crece continuamente a medida que ella se esfuerza por ser la mejor en cualquier cosa que Dios le llame a hacer".[2]

La determinación de Bethany de hacer mucho más que simplemente sobrevivir aumenta mi fe en un Dios que puede darnos a cada una la valentía que necesitamos para avanzar y dejar atrás nuestro dolor. Nuestra determinación de perseverar nace de nuestra creencia en que Dios no ha terminado aún con nosotras. Él sigue desvelando un plan que va más allá de nuestras limitaciones. Bethany no se rindió cuando perdió su brazo; por el contrario, comenzó a soñar con cómo sería ser surfista con un sólo brazo. Bethany tenía fortaleza física, pero lo más importante, tenía fortaleza del alma: una fortaleza que solamente Dios puede dar.

La fortaleza de nuestra alma

¿Está usted cansada? ¿Ha sido herida? ¿Siente como si le faltase la valentía para continuar? ¿Está meramente sobreviviendo a una vida deprimente? ¿Ha llegado a un punto de derrota? Hay una fortaleza que desafía la comprensión humana. Una esperanza y una determinación que sólo pueden ser sobrenaturales. Es la fortaleza que Dios da a nuestra alma, para ayudarnos a pasar un día más. Puede que nos desanimemos si nos enfocamos en los tres días siguientes, o en las tres semanas siguientes, o hasta en cómo llegaremos a la Navidad. Debemos confiar en Él para recibir fortaleza para el día presente.

Quizá sea usted consciente de la capacidad singular del águila. Esas aves tienen un sentido dado por Dios para saber cuándo se acerca una tormenta. En lugar de evitar la tormenta, vuelan hasta un punto más elevado; cuando llega el viento, abren sus alas para agarrarlo, y ese viento les permite elevarse por encima de la tormenta. En realidad usan el viento de la tormenta para que las eleve más alto.

Bethany Hamilton es un hermoso ejemplo de permitir que una herida nos eleve más alto y abra puertas para proclamar el amor y la bondad de Dios. Amiga mía, puede que usted aún no vea cómo su tormenta puede elevarla, pero a medida que acuda al Señor para recibir fortaleza, Él le dará la elevación que usted necesita para levantarse por encima de la tormenta. Podemos permitir que las tormentas de la vida nos aplasten, o podemos permitir que Dios nos levante hasta un nuevo nivel de fortaleza, esperanza y fe.

Me recuerda el aliento de Dios a los israelitas que se encuentra en Isaías:

> ¿Acaso no lo sabes?
> ¿Acaso no te has enterado?

El Señor es el Dios eterno,
  creador de los confines de la tierra.
No se cansa ni se fatiga,
  y su inteligencia es insondable.
Él fortalece al cansado
  y acrecienta las fuerzas del débil.
Aun los jóvenes se cansan, se fatigan,
  y los muchachos tropiezan y caen;
pero los que confían en el Señor
  renovarán sus fuerzas;
volarán como las águilas:
  correrán y no se fatigarán,
  caminarán y no se cansarán.[3]

La fortaleza del alma es algo de Dios, no algo de mí ni algo de usted. Es una determinación de regresar a la tabla de surf, o de regresar al lugar de trabajo, o simplemente de volver a entrar en la vida. Dios ha enriquecido cada una de nuestras vidas con significado y propósito. Él tiene un plan para nuestro siguiente paso, y Él nos dará la fortaleza para dar el siguiente paso. Cuando Él nos llame a hacer cierto trabajo en este mundo, nos dará lo que necesitemos para desempeñarlo.

Esperar en el Señor

Nuestra mayor dificultad puede llegar en forma de espera: esperar que Dios cambie el corazón de alguien, esperar a tener un hijo, esperar a ese hombre perfecto con el que casarnos, esperar que un cónyuge venga al Señor, esperar la aceptación en una escuela o universidad. Esperar nunca es fácil, pero es parte de la vida. En la Biblia, leemos que el inocente José esperó en una cárcel egipcia por dos años antes de ser liberado, Ana esperó un hijo, Israel esperó al Mesías, y Pablo esperó en una cárcel. Sin embargo, Dios puede usar nuestra espera con un propósito, ya sea para ayudar a otros o para enseñarnos, para fortalecernos, o para ayudarnos a crecer en nuestra fe.

Cuando la vida no resulta como habíamos planeado, con frecuencia nos encontramos en la sala de espera de la vida. ¿Está usted en la sala de espera de la vida? Mientras esperamos, a menudo nos sentimos muy solas. Sentimos como si Dios no oyese nuestro clamor pidiendo ayuda. No parece tener sentido. Debo admitirlo: la única verdad que da fortaleza a mi alma en medio de la sala de espera es mi fe en un Dios cuyo tiempo es mejor que el mío. Yo veo en parte, pero Él ve el todo.

Los padres más amorosos no les dan a sus hijos todo lo que les piden (menos mal), y no siempre les dan lo que quieren de inmediato. Nuestro Padre celestial nos pide que esperemos algunas veces. Su amoroso cuidado no nos malcría con una gratificación inmediata, sino que fortalece nuestra fe en Él mediante la espera y la observación.

Esperar en el Señor significa esperar en Él y encontrar nuestra fortaleza en Él. Es uno de los caminos de fe más verdaderos, porque esperamos sin conocer el resultado. Esperamos, simplemente confiando en que Dios nos ama y que Él hace que todas las cosas obren para nuestro bien. Permita que las siguientes palabras penetren en su corazón y le den fortaleza:

> Por la mañana, Señor, escuchas mi clamor; por la mañana te presento mis ruegos, y quedo *a la espera* de tu respuesta.[4] — David

> Pon tu *esperanza* en el Señor; ten valor, cobra ánimo; ¡pon tu esperanza en el Señor![5] — David

Guarda silencio ante el Señor, y *espera* en él con paciencia; no te irrites ante el éxito de otros, de los que maquinan planes malvados.[6] — David

A ti, fortaleza mía, vuelvo los ojos, pues tú, oh Dios, eres mi protector.[7] — David

Sólo en Dios halla descanso mi alma; de él viene mi *esperanza*.[8] — David

El Señor ha escondido su rostro del pueblo de Jacob, pero yo *esperaré* en él, pues en él tengo puesta mi esperanza.[9] — Isaías

Bueno es *esperar* calladamente a que el Señor venga a salvarnos.[10] — Jeremías

Pero yo he puesto mi esperanza en el Señor; yo *espero* en el Dios de mi salvación. ¡Mi Dios me escuchará![11] — Miqueas

La Palabra de Dios impulsa nuestra fortaleza y nos ayuda a soportar. Como dijo el apóstol Pablo: "De hecho, todo lo que se escribió en el pasado se escribió para enseñarnos, a fin de que, alentados por las Escrituras, perseveremos en mantener nuestra esperanza".[12] Apoyémonos en la esperanza que encontramos en la Palabra de Dios a medida que esperamos con expectación a Él. Si está usted en la sala de espera de la vida, le aliento a que pase tiempo diariamente alimentándose de la Palabra de Dios. Es una fuente de fortaleza que tan desesperadamente necesitamos para nutrir nuestra alma cada día.

David encontraba consuelo y fortaleza continuamente en la Palabra de Dios. Él dijo: "Esperando tu salvación se me va la vida. En tu palabra he puesto mi esperanza. Mis ojos se consumen esperando tu promesa, y digo: '¿Cuándo vendrás a consolarme?' Si tu ley no fuera mi regocijo, la aflicción habría acabado conmigo… Jamás me olvidaré de tus preceptos, pues con ellos me has dado vida. ¡Sálvame, pues te pertenezco y escudriño tus preceptos!".[13] Nosotras también podemos hallar fortaleza y consuelo a medida que permanecemos en la Palabra de Dios. Que nunca descuidemos las maravillosas palabras de aliento que Dios nos ha dado para fortalecer nuestra alma.

El Señor es nuestro guardador

De vez en cuando una conoce a una mujer que prospera y que ha demostrado fortaleza de alma a lo largo de su vida. Helen Hosier es una de esas señoras. Aunque su vida está llena tanto de gozo como de dolor, ella ha encontrado su fortaleza en el Señor. Su amiga Joylynn Reed relata su historia:

Cuando una se encuentra por primera vez con Helen Hosier, ve a una señora bien vestida y hermosa. La mayoría supondría que ella ha pasado sus días entreteniendo a un grupo puente y como voluntaria en juntas locales de arte. Ese estereotipo no podría estar más lejos de la verdad para esta experimentada escritora. Lo más notable, sin embargo, es que después de hablar con Helen unos minutos, una ve el amor de Dios irradiar aún con más fuerza que sus numerosos logros. Mientras que muchas personas utilizan su pasado para excusar sus situaciones presentes, Helen utiliza el suyo para demostrar el amor de Dios en su vida. Ella relata su historia como un ejemplo para que otros vean cómo Dios le ha dado fortaleza para su alma.

"Nací en un hogar sin un padre; mi padre murió cinco meses antes de mi nacimiento pero no antes de darme mi nombre. Esperando mi llegada estaba un hermano de diez años de edad y una hermana de cinco. Éramos una familia triste; creo que yo hasta lloraba en el vientre."

Helen insiste en que aquella no fue por completo una experiencia mala, porque le hizo ser una niña consciente de Dios, y esa conciencia nunca le ha abandonado. "Me impulsó a un deseo constante de agradar a Dios y llegar a conocerlo mejor. Puede que yo no conociera la palabra *prosperar*, pero puedo decir que mi madre fue modelo de ella. Vi cómo su inconmovible fe en Dios la llevó por los momentos difíciles. Recuerdo decir una vez: 'oh mamá, me gustaría que no tuvieras que trabajar tanto'. Ella respondió: 'Necesito mantener un techo sobre nuestras cabezas, comida en la mesa, y ropa en nuestros armarios, pero tú no debes preocuparte. Dios nos cuida. Él está con nosotros'. Ella no se quejaba; nos estaba enseñando que podíamos confiar en Dios. Madre nos enseñaba versículos de la Biblia que se quedaron en mi corazón y que han llegado para rescatarme una y otra vez. Algunas tormentas feroces chocaron contra nuestras vidas con temerosa fiereza, ¡y no todas ellas causadas por la meteorología! La ética de trabajo de madre y su tenacidad ante las dificultades proporcionaron una poderosa demostración a sus hijos de que Dios era nuestro Guardador en las tormentas."

Después de su graduación en secundaria, Helen viajó a Washington, DC, para trabajar en las Naciones Unidas con la Organización para el Alimento y la Agricultura. Algunos meses después, cuando le ofrecieron un puesto en Carolina del Sur, quedó sorprendida. Hizo el viaje en tren ella sola. Fue lanzada a más experiencias de aprendizaje que le hicieron clamar a Dios pidiendo ayuda. Lo que ella no podía saber era que su propia capacidad para prosperar, y no simplemente para sobrevivir, se estaba formando.

Helen trasladó a su madre de Iowa a California; más adelante se casó y comenzó a formar una familia de cuatro hijos. Mientras trabajaba en Los Angeles, había descubierto la iglesia del Dr. J. Vernon McGee (Church of the Open Door) y su librería cristiana. Ella pasó muchas horas del mediodía allí mientras comenzaba a formarse un sueño en su corazón: ¡sería maravilloso tener una tienda así! Una notable serie de acontecimientos vieron ese sueño convertirse en realidad cuando ella y su esposo abrieron su primer de esas tiendas en uno de los barrios de las afueras de Los Angeles; más adelante, después de diez años de increíble crecimiento, su segunda tienda abrió sus puertas cerca del muy conocido Knott's Berry Farm en Buena Park.

Pero Helen también tenía un hobby. Una noche, mientras leía un pequeño libro de InterVarsity, *My Heart, Christ's Home,* Dios puedo en su corazón que si ella le entregaba su talento para escribir, su hobby, a Él, Él la bendeciría y la usaría. Ella tomó como su versículo Colosenses 3:23-24: "Hagan lo que hagan, trabajen de buena gana, como para el Señor y no como para nadie en este mundo, conscientes de que el Señor los recompensará con la herencia. Ustedes sirven a Cristo el Señor".

Invirtió siete años escribiendo una columna semanal, "Over a Cup of Coffee", para la revista de su denominación, y luego empleó otros tres años escribiendo "Hi from Helen" para *Christian Times,* publicada por el Dr. Taylor y Tyndale House Publishers, al igual que artículos para las principales revistas de aquella época. Cuando el presidente de la empresa Fleming H. Revell se acercó a ella en una convención de libreros cristianos y le sugirió que empezase a escribir libros, ella le dijo: "¡Yo no sé cómo escribir libros!". Esa resultó ser una de las subestimaciones del siglo, ya que en el momento en que escribo estas líneas, Helen ha escrito más de setenta libros. Su primer libro se publicó en 1966, seguido de una media de uno por año. Excellence in Media en Hollywood, California, reconoció las excepcionales contribuciones de Helen cuando le concedieron sus tres galardones de plata Angel Awards, y un premio de oro, Angel Lifetime Achievement Award en 2001 por sus treinta y cinco años escribiendo literatura cristiana.

Si le pregunta a Helen qué está haciendo ahora, le hablará sobre sus cuatro hijos, diez nietos —tres de ellos en el cielo— y cuatro bisnietos distribuidos por todo el país y Canadá. ¡Y aún sigue escribiendo! Ella dice: "Necesitaba terminar al menos algunos de los manuscritos que están empezados. Dios ha sido muy fiel conmigo, Él ha sido mi Guardador, y estoy terminando un libro que he titulado *The Kept Woman.* Dios es quien guarda nuestras lágrimas, nuestra vida, misericordia, paz, camino, corazón, muerte, alma, y han muchas otras cosas 'guardadas'. Mientras Dios me otorgue años de vida, seguiré escribiendo".

Las mujeres hoy día son conscientes de que sus madres y sus hermanas mayores no eran aceptadas de buena gana en círculos profesionales. Lo que con frecuencia no entienden, sin embargo, son las batallas que aquellas mujeres pioneras pelearon y los obstáculos que vencieron. Helen se ganó la vida, crió y sostuvo a su familia, hizo influyentes conexiones, obtuvo respeto de líderes, y nunca vaciló en su fe en un momento en que a las mujeres se las desalentaba para que no hicieran esas cosas. Pero esta increíble mujer no lo hizo ella misma; Dios verdaderamente bendijo, guió y prosperó a Helen. ¿Tiene ella un versículo de la Biblia favorito? "Especialmente me encanta este: 'Confía en el Señor de todo corazón, y no en tu propia inteligencia. Reconócelo en todos tus caminos, y él allanará tus sendas'. Él es verdaderamente nuestro Guardador de caminos".

Satisfacción del alma

¡Guardador de caminos! Me encanta ese término. Dios guía nuestros caminos, y nos dirige por el sendero como un pastor dirige a su precioso rebaño. Nosotras somos preciosas a sus ojos. Él nos ama tanto que está preparando un lugar para nosotras en el cielo. Nuestra vida en la tierra es breve, temporal e imperfecta. Sí, nuestros corazones anhelan lo que es hermoso y perfecto —el matrimonio perfecto, las vacaciones perfectas, la familia perfecta—, pero la perfección no es para este mundo; para eso está el cielo. Esperamos con anticipación el día en que veremos a Jesús cara a cara.

En su libro *Mere Christianity* [Mero cristianismo], C. S. Lewis afirma: "Si encuentro en mí mismo un deseo que ninguna experiencia en este mundo puede satisfacer, la explicación más probable es que yo haya sido creado para otro mundo".[14] Nunca estaremos satisfechas en esta tierra. Ninguna circunstancia, ningún lugar ni ninguna persona pueden satisfacer por completo el deseo más profundo de nuestro corazón de lo perfecto y lo hermoso. Nuestra alma anhela un lugar mejor: un lugar de satisfacción y de finalización. Cuando vivamos en la presencia de Dios, nuestra alma estará completamente satisfecha.

Fuimos creadas para ese lugar. Un lugar donde todas las cosas tendrán sentido. Un lugar donde las pruebas y los desafíos terrenales que se ciernen sobre nosotras ahora parecerán pequeños en comparación con el gran plan de la eternidad. Cuando pienso en el apóstol Pablo, quien soportó dificultades y sufrimientos a fin de proclamar fervientemente el evangelio, veo a un hombre que vivió con la esperanza de un lugar mejor. Lo siguiente es lo que él nos dice:

> De hecho, considero que en nada se comparan los sufrimientos actuales con la gloria que habrá de revelarse en nosotros. La creación aguarda con ansiedad la revelación de los hijos de Dios, porque fue sometida a la frustración. Esto no sucedió por su propia voluntad, sino por la del que así lo dispuso. Pero queda la firme esperanza de que la creación misma ha de ser liberada de la corrupción que la esclaviza, para así alcanzar la gloriosa libertad de los hijos de Dios. Sabemos que toda la creación todavía gime a una, como si tuviera dolores de parto. Y no sólo ella, sino también nosotros mismos, que tenemos las primicias del Espíritu, gemimos interiormente, mientras aguardamos nuestra adopción como hijos, es decir, la redención de nuestro cuerpo. Porque en esa esperanza fuimos salvados. Pero la esperanza que se ve, ya no es esperanza. ¿Quién espera lo que ya tiene? Pero si esperamos lo que todavía no tenemos, en la espera mostramos nuestra constancia.[15]

Pablo esperaba con anhelo su recompensa celestial. Nosotras experimentamos un gran gozo cuando fijamos nuestra mente en las cosas de arriba anticipando nuestro hogar perfecto. El teólogo británico J. C. Ryle dijo: "Tengo lástima al hombre que nunca piensa en el cielo".[16] Sería un triste existencia si este mundo fuese lo único que tuviésemos para vivir. El escritor Randy Alcorn concluye su tremendo libro titulado *El cielo* (¡debe usted leerlo!) diciendo: "Todos fuimos creados para una persona y un lugar. Jesús es la persona. El cielo es el lugar. Si conocer usted a Jesús, yo estaré con usted en ese mundo resucitado. Con el Señor al que amamos y con los amigos que atesoramos, nos embarcaremos juntos en la aventura definitiva, en un nuevo universo espectacular que espera nuestra exploración y dominio. Jesús será el centro de todas las cosas, y gozo será el aire que respiremos".[17]

¡Gozo será el aire que respiremos! Sí, eso es lo que yo espero; ¿y usted? ¿Cómo podemos vivir apasionadamente la vida que no planeamos? ¡Viviendo apasionadamente para un lugar mejor! Por tanto, a medida que caminamos con el Señor de la mano, Él nos guía, nos fortalece y nos alienta a lo largo del camino. Uno de mis himnos favoritos es "Oh tu fidelidad". Con frecuencia, las palabras de ese himno corren por mi mente: "Fortaleza para el hoy y brillante esperanza para el mañana, bendiciones todas mías. Oh tu fidelidad... cada momento la siento en mí; nada me falta pues todo provees; grande, Señor, es tu fidelidad".[18]

Es obvio que el autor de ese himno conocía la diferencia entre sólo sobrevivir y prosperar apasionadamente. Que este sea el canto de nuestra vida, a medida que caminamos con Dios en las alegrías y las tristezas de la vida.

UN PASO ADELANTE

 ### PUNTOS

- La valentía y la capacidad de *prosperar* vienen del Señor.
- Determinación y perseverancia son cualidades de la mujer que vive la vida no planeada con pasión.

- Permita que Dios le levante por encima de las tormentas y le ayude a remontar el vuelo.
- Esperar en Dios es el caminar de fe verdadero.
- El Señor es nuestro guardador en el viaje de la vida.
- Nuestro corazón anhela un lugar mejor, y ese lugar es el cielo.

 PASAJE: SALMO 18:1-6, 16-19

¡Cuánto te amo, SEÑOR, fuerza mía!
El SEÑOR es mi roca, mi amparo, mi libertador;
    es mi Dios, el peñasco en que me refugio.
Es mi escudo, el poder que me salva,
    ¡mi más alto escondite!
Invoco al SEÑOR, que es digno de alabanza,
    y quedo a salvo de mis enemigos.

Los lazos de la muerte me envolvieron;
    los torrentes destructores me abrumaron.
Me enredaron los lazos del sepulcro,
    y me encontré ante las trampas de la muerte.
En mi angustia invoqué al SEÑOR;
    clamé a mi Dios,
y él me escuchó desde su templo;
    ¡mi clamor llegó a sus oídos!

Extendiendo su mano desde lo alto,
    tomó la mía y me sacó del mar profundo.
Me libró de mi enemigo poderoso,
    de aquellos que me odiaban
    y eran más fuertes que yo.
En el día de mi desgracia me salieron al
    encuentro, pero mi apoyo fue el SEÑOR.

Me sacó a un amplio espacio;
me libró porque se agradó de mí.

ORACIÓN

Señor redentor, tú puedes tomar las tormentas de la vida y utilizarlas para elevarme a nuevos lugares. Tú eres el viento que me sostiene. Tú eres mi guardador, mi esperanza, mi fortaleza, y mi salvación. Mi corazón espera expectante ver o que tú puedes hacer, mucho más allá de lo que yo pido o imagino. Creo en ti; ayuda mi incredulidad. Dame la fortaleza del alma que el mundo no puede entender. Mis ojos están en ti. Ayúdame a elevarme por encima de mis circunstancias, y dame tu gozo y tu paz.

PLAN

Escriba e imprima las siguientes palabras de Isaías 40:28-31:

¿Acaso no lo sabes? ¿Acaso no te has enterado? El SEÑOR es el Dios eterno, creador de los confines de la tierra. No se cansa ni se fatiga, y su inteligencia es insondable. Él fortalece al cansado y acrecienta las fuerzas del débil. Aun los jóvenes se cansan, se fatigan, y los muchachos tropiezan y caen; pero los que confían en el SEÑOR renovarán sus fuerzas; volarán como las águilas: correrán y no se fatigarán, caminarán y no se cansarán.

Subraye la frase que tenga más significado para usted en este momento en su vida. Memorice la frase y tráigala a su mente siempre que se sienta débil o cansada. Pida a Dios que le dé fortaleza del alma, día a día.

Tenga esperanza.
Aunque las nubes rodeen ahora,
y la alegría esconda su rostro con menosprecio,
quite lo sombrío de su frente;
porque tras toda noche llega la mañana.

J. C. F. von Schiller

Conclusión

Esperanza para el futuro

Reconocer la obra redentora de Dios en su vida

Alégrense en la esperanza,
muestren paciencia en el sufrimiento,
perseveren en la oración.

Romanos 12:12

A MEDIDA QUE HEMOS viajado juntas por las páginas de este libro, usted ha leído historia tras historia de mujeres que se encontraron viviendo vidas que no planearon. Esas valientes mujeres han escogido hacer mucho más que sobrevivir; han aprendido a *prosperar*. Mediante las batallas y los desafíos de la vida, han llegado a un lugar de esperanza y de renovación. La capacidad de prosperar no es una cualidad que reunieron por sí mismas; es una tranquila fortaleza que Dios les ha dado por medio de sus desafíos personales. A medida que yo he reunido esas historias, he llegado a comprender que todo el mundo tiene una historia. Sin duda, algunas son más dramáticas y transformadoras que otras, pero todas nos hemos enfrentado a decepciones y a sueños perdidos en nuestras vidas.

Aprendemos de compartir las historias de otras y oír las voces de esperanza que resuenan en cada una de ellas. Sin embargo, la mayor historia jamás contada es una de esperanza redentora. Lo que puede haber parecido una tragedia no planeada y una decepción fue realmente un cuadro glorioso de esperanza para toda la humanidad. Jesús vino a este mundo para traernos esperanza, una esperanza más allá de este mundo. Sin Él, estamos desesperadamente perdidos. Mire, la mayor historia jamás contada es la de un Dios amoroso, que se acercó a hombres y mujeres pecadores y envió a su único Hijo a morir por nosotros.

Mientras Jesús estuvo aquí en la tierra, vivió una vida perfecta. Él predicó de amor, bondad, perdón y compasión. Sus seguidores sabían que Él era el Mesías. De hecho, imagine la belleza de lo que hoy denominamos Domingo de Ramos, cuando Jesús entró en Jerusalén montado sobre un asno y la multitud le aclamó: "¡Hosanna al Hijo de David! ¡Bendito el que viene en el nombre del Señor! ¡Hosanna en las alturas!".[1] La Biblia nos dice que toda la ciudad clamaba cuando Él entró. Sin embargo, enseguida seguiría la decepción.

El Mesías, a quien las multitudes habían aclamado, fue juzgado y sentenciado a muerte por crucifixión una semana después. Abatidos y desalentados, sus discípulos se dispersaron. ¿Cómo podía ser el plan de Dios que su bondadoso y perfecto Hijo fuese crucificado? Es difícil creer que Dios planease tal tragedia, pero leemos en el Antiguo Testamento que Dios lo planeó mucho antes de que Jesús naciese en un pesebre. Observemos el plan concreto de Dios, subrayado en el siguiente pasaje que describe la muerte de Jesús y que fue escrito por el profeta Isaías cientos de años antes de que Jesús caminase por esta tierra:

> ¿Quién ha creído a nuestro mensaje
>   y a quién se le ha revelado el poder del
>   Señor?
> Creció en su presencia como vástago tierno,
>   como raíz de tierra seca.

No había en él belleza ni majestad alguna;
su aspecto no era atractivo
y nada en su apariencia lo hacía deseable.
Despreciado y rechazado por los hombres,
varón de dolores, hecho para el sufrimiento.
Todos evitaban mirarlo;
fue despreciado, y no lo estimamos.
Ciertamente él cargó con nuestras enfermedades
y soportó nuestros dolores,
pero nosotros lo consideramos herido,
golpeado por Dios, y humillado.
Él fue traspasado por nuestras rebeliones,
y molido por nuestras iniquidades;
sobre él recayó el castigo, precio de nuestra paz,
y gracias a sus heridas fuimos sanados.
Todos andábamos perdidos, como ovejas;
cada uno seguía su propio camino,
pero el SEÑOR hizo recaer sobre él
la iniquidad de todos nosotros.
Maltratado y humillado,
ni siquiera abrió su boca;
como cordero, fue llevado al matadero;
como oveja, enmudeció ante su trasquilador;
y ni siquiera abrió su boca.
Después de aprehenderlo y juzgarlo, le dieron
muerte;
nadie se preocupó de su descendencia.
Fue arrancado de la tierra de los vivientes,
y golpeado por la transgresión de mi pueblo.
Se le asignó un sepulcro con los malvados,
y murió entre los malhechores,

aunque nunca cometió violencia alguna,
ni hubo engaño en su boca.

Pero el SEÑOR quiso quebrantarlo y hacerlo sufrir,
y como él ofreció su vida en expiación,
verá su descendencia y prolongará sus días,
y llevará a cabo la voluntad del SEÑOR.
Después de su sufrimiento,
verá la luz y quedará satisfecho;
por su conocimiento
mi siervo justo justificará a muchos,
y cargará con las iniquidades de ellos.
Por lo tanto, le daré un puesto entre los
grandes,
y repartirá el botín con los fuertes,
porque derramó su vida hasta la muerte,
y fue contado entre los transgresores.
Cargó con el pecado de muchos,
e intercedió por los pecadores.[2]

¿El buen plan de Dios?

¿Leyó las palabras en el pasaje anterior: "Pero el Señor quiso quebrantarlo y hacerlo sufrir"? ¿Cómo podía ser un buen plan para
un hombre inocente ser torturado y morir de la manera más terrible, clavado a una cruz? Era el buen plan de Dios, porque era
el plan redentor de Dios. Mire, como Dios santo y perfecto, Él
aborrece el pecado (no a los pecadores, sino el pecado). Dios es
también un Dios amoroso y, por tanto, proveyó un pago para
nuestros pecados. Jesús fue el sacrificio por nosotros. Su muerte
pagó por nuestras vidas. Somos justificados mediante el derramamiento de su sangre.

La Biblia dice: "Porque por gracia ustedes han sido salvados
mediante la fe; esto no procede de ustedes, sino que es el regalo de

Dios, no por obras, para que nadie se jacte".[3] Estoy muy contenta de que el plan de Dios no incluyera el que nosotros intentásemos llegar al cielo, pues todos fracasaríamos y estaríamos destituidos. En cambio, Dios dio a su Hijo y nos invita a que confiemos en Él. Jesús nos da un cuadro de la tragedia y la injusticia definitivas, las cuales resultaron ser el tesoro definitivo de la gracia de Dios hacia la humanidad. Amiga mía, ¿cree usted?[4]

La historia de Él puede convertirse en la historia de usted. La obra redentora de Dios no se detuvo en la cruz. Dios no sólo puede redimir su vida, sino que también puede redimir su situación. Puede que usted esté impregnada de incredulidad; puede que haya perdido la esperanza. Aunque no pueda ver el final del túnel, hay esperanza. Al igual que los derrotados discípulos perdieron su cuadro de esperanza el viernes, llegaba el domingo. Cristo resucitó de la muerte, dándoles la esperanza definitiva de vida eterna un día en el cielo. Puede que usted se pregunte: ¿Por qué tuvo que sucederme esto a mí, o a mi hijo, o a mi familia? Estoy segura de que los discípulos se preguntaron eso mismo. ¿Puede usted confiar en que Dios tiene un plan mayor, un plan más grande y más eterno?

No es fácil tener ese tipo de esperanza, lo sé. Pero Dios está en el negocio de la esperanza. Pida a Dios que renueve su esperanza y le dé lo que usted necesita para el presente. Mi oración por usted es la misma que la de Pablo: "Que el Dios de la esperanza los llene de toda alegría y paz a ustedes que creen en él, para que rebosen de esperanza por el poder del Espíritu Santo".[5] El poder de prosperar no viene de nosotras mismas, viene del Dios que nos ama y que redime los pedazos rotos de nuestra vida.

Al escribir este párrafo final, quiero que usted sepa que mis pensamientos y mis oraciones van con usted. Puede que no la conozca personalmente, pero sí que sé que en su camino ha tenido usted luchas. Sé que necesita al Señor tanto como lo necesito yo.

Todas le necesitamos. Ninguna de nosotras puede capear sola las tormentas, y quiero darle la oportunidad de compartir la historia de cómo usted aprendió a prosperar, no simplemente sobrevivir. Si va a la página PositivLifePrinciples.com y hace clic en *Thrive, Don't Simply Survive*, encontrará su lugar.* No puedo garantizarle que subiré cada historia que me llegue, pero cada mes subiré al menos una. Esta página web le permitirá ver que no está usted sola, y que Dios saca belleza de las cenizas.

---

* La información está en inglés.

Manual del líder para estudio en grupos

P*ROSPERE, NO SÓLO SOBREVIVA: Viva apasionadamente la vida que usted no planeó* constituye un perfecto estudio en grupo, ya sea que reúna usted a mujeres en el barrio, en el trabajo o en la iglesia. El título mismo habla a la vida de cada mujer de alguna forma. Mi oración es que Dios use este libro para edificar vínculos y abrir puertas de comunicación entre mujeres. El siguiente estudio, que utiliza este libro, permite que las mujeres se quiten poco a poco la máscara de "Yo lo tengo todo controlado en mi vida" y en cambio sean abiertas, sinceras y reales las unas con las otras. Finalmente, mi deseo es para este libro es que lleve a cada lector a una relación más profunda con Cristo.

Si es usted líder del grupo de estudio, permítame compartir unos consejos con usted al embarcarse en este viaje. Ya que hay doce capítulos en este libro, le recomiendo que estudien un capítulo por reunión, asignando a las mujeres que lean el capítulo y respondan a las preguntas en esta sección. La primera vez que se reúnan debería ser una reunión de introducción para conocer a las señoras que haya en el grupo y para hablar sobre cómo planean realizar el estudio. Puede que usted quiera destacar algunas características sobre el libro, como la parte "Un paso adelante" al final de cada capítulo, la cual incluye los puntos clave, una oración, un pasaje bíblico para meditar, y un plan de acción. Para su primera reunión, puede que quiera destacar unas cuantas citas o frases de la introducción del libro para compartirlas con las señoras. También, asegúrese de visitar mi página web (PositiveLifePrinciples. com) para obtener un folleto gratuito y que se puede bajar para el estudio de *Prospere, no sólo sobreviva.*

Cada vez que se reúnan, le aliento a que comiencen con oración y luego pasen a las preguntas de discusión de esta sección. No espere que cada mujer responda cada una de las preguntas; sólo ofrezca la pregunta y permita que varias señoras respondan. Si observa que alguien domina la conversación, pregunte a alguna otra persona más callada si le gustaría compartir lo que piensa. Cuando haya terminado las preguntas de discusión, invite a las mujeres a compartir algunos de los puntos que ellas destacaron en el capítulo, y vea si alguna tuvo la oportunidad de llevar a cabo el plan de acción que hay al final del capítulo. Puede que quiera alentar a todas a realizar el plan como parte de su tarea semanal. Concluyan su tiempo juntas en oración, orando concretamente por cualquier necesidad o petición mencionada durante el estudio.

Preciosa y fiel líder, quiero pedirle personalmente que busque la guía de Dios y su sabiduría a medida que dirige este grupo. Pídale que le dé oídos para oír las sinceras necesidades de las mujeres que hay en su grupo. Este libro es probable que se convierta en algo más que sólo un estudio en grupo; puede convertirse en un círculo de comunión, apoyo, fortaleza y aliento para todas las participantes. Usted es el canal de Dios, y su Espíritu Santo es el maestro. Que Él derrame su amor por medio de usted medida que usted toca las vidas de las mujeres en su grupo. Mis oraciones están también con usted. Por favor, siéntase libre de escribirme por correo electrónico y hablarme sobre su grupo para que yo pueda orar por usted concretamente: (karolladd@PositiveLife-Principles.com).

Preguntas de discusión

Capítulo 1: Siete decepciones comunes en la vida de una mujer

1. ¿Con cuáles de las siete decepciones comunes puede identificarse mejor en su vida en este momento?

2. ¿Cómo le consuela saber que no está usted sola en sus batallas?

3. ¿Qué le resulta útil o alentador sobre las palabras de Jeremías presentadas en este capítulo?

4. ¿Cómo le habla a usted concretamente el poema "El tejedor"? (ver página 16)

5. Cuando lee el Salmo 139:7-18, ¿qué palabras o frases le aseguran que Dios está con usted y que tiene un plan para su vida?

Capítulo 2: Tiempo de soltar

1. ¿Qué palabras utilizaría para describir las emociones que ha sentido en las circunstancias decepcionantes en su vida? (enojo, dolor, soledad, dolor, etc.)

2. ¿De qué maneras ha visto el cuidado de Dios por usted en medio de momentos difíciles? ¿Qué le agradece usted a Dios con mayor frecuencia?

3. ¿Hay alguna situación en el pasado que usted actualmente esté reviviendo en su cabeza? ¿Cuáles son algunos pensamientos buenos, piadosos y perdonadores que puede revivir en cambio?

4. ¿Qué viejos sueños necesita soltar a medida que comienza a avanzar hacia el nuevo plan que Dios tiene para usted?

5. En el pasaje de Habacuc (3:17-19), ¿cómo es posible que el profeta diga que se alegrará en Dios aunque parezca que todo va mal en su vida?

Capítulo 3: Preocupación y probabilidades

1. ¿Qué diferencias distintivas ve usted entre ser alguien que se preocupa y ser una persona responsable?

2. Todas hemos malgastado tiempo preocupándonos innecesariamente por algo. Describa uno de esos momentos en su vida.

3. Qué le habló personalmente en la historia sobre:

   • La charla de Moisés con Dios:

   • Que Marta se sintiera abrumada:

   • El temor a hundirse de los discípulos:

4. ¿Cómo se interpone nuestro orgullo en el camino de confiar a Dios todas nuestras preocupaciones?

5. ¿De qué formas ve usted la soberanía de Dios revelada mediante las palabras del Salmo 46.1-11?

Capítulo 4: ¿Cómo puedo confiar en un Dios que permite el dolor y el sufrimiento?

1. ¿Ha habido un momento en su vida en que usted cuestionó a Dios o estuvo enojada con Él por alguna circunstancia particularmente difícil en su vida? ¿Cómo trabajó en sus sentimientos?

2. ¿Qué beneficio o bendición ha recibido como resultado de una decepción o un desafío por el que pasó en su vida?

3. ¿Cómo le habla personalmente el punto de vista del Dr. Paul Lanier sobre la gracia divina?

4. ¿De qué maneras es posible sentir el amor de Dios aun en medio de las pruebas?

5. Cuando lee el Salmo 103:1-13, ¿cómo se ve a usted misma en relación con Dios?

Capítulo 5: La belleza del plan B

1. ¿Cómo es su vida actual diferente a la que planeaba o soñaba cuando era más joven?

2. ¿Por qué cree que algunas personas dudan en acercarse a Dios con sus decepciones o en buscar su ayuda para descubrir posibilidades?

3. Hable sobre algún momento en su vida en que usted tuvo que confiar en Dios en fe aunque no podía ver el resultado final.

4. ¿Hay alguna área de su vida que necesite cambiar?

5. Considere en oración esta pregunta: ¿qué pasos cree que el Señor le está guiando a dar hacia una nueva dirección?

6. Enumere varias maneras en que se describe a Dios en el Salmo 62. ¿Cómo es significativa para usted esta descripción?

Capítulo 6: La batalla de la amargura

1. Describa un momento en su vida en que tuvo que escoger estar amargada o mejorar.

2. ¿Qué bien puede resultar de su decisión de amar y perdonar a otros?

3. ¿Qué daño se causa cuando somos consumidas por la amargura y la autocompasión?

4. Soltar la amargura implica perdón, aceptación, y cambiar la forma en que actuamos hacia nuestros enemigos.

¿Hay una situación en su vida en este momento en la cual necesite practicar estos principios?

5. ¿Cómo le desafía el pasaje de Colosenses 3 en su vida en este momento?

Capítulo 7: Pensar en el cuadro general

1. ¿Por qué nuestra perspectiva marca una diferencia en el cómo tratamos con nuestras circunstancias?

2. ¿Qué parece nublar su perspectiva celestial y distraerle de vivir con una perspectiva eterna?

3. ¿Cómo le ha ayudado la lectura y la meditación en la Palabra de Dios a obtener una mejor perspectiva de la vida?

4. Como el artista en India, ¿hay alguna basura (frustraciones o decepciones) que necesite usted ver como potenciales tesoros (lecciones, madurez y oportunidades de crecimiento) en su vida en este momento?

5. Cuando lea el Salmo 119:25-40, subraye algunos de los beneficios personales de permanecer en la Palabra de Dios.

Capítulo 8: Usted es lo que dice

1. Si su familia y sus amigos hubieran de describirla a usted basándose en las cosas que usted dice, ¿cómo le identificarían?

2. ¿De qué maneras usa usted sus palabras para bien y para bendecir a otros?

3. En la sección titulada "Hablando en términos prácticos", ¿qué consejos quiere aplicar a su vida para ayudarle a hablar con un tono más positivo?

4. Como seguidoras de Cristo, ¿qué impacto cree usted que podríamos tener en nuestras comunidades si

hablásemos palabras de fe y de esperanza en lugar de quejarnos?

5. Subraye cada frase en el Salmo 71:7-21 que hable sobre usar nuestras palabras para la gloria de Dios. ¿Cómo le inspira este pasaje a usar sus palabras para bien?

Capítulo 9: Su paso confiado

1. ¿Cómo ha moldeado su vida la escuela de los golpes duros (aprender por medio de los desafíos)?

2. ¿Por qué el primer paso hacia adelante es siempre el más difícil e importante? Comparta uno de sus primeros pasos y sus experiencias al darlo.

3. ¿Qué distingue la autoconfianza de la confianza en Dios? ¿Hacia qué tipo de confianza tiende usted a inclinarse en sus propias luchas?

4. ¿Cuál de los consejos para una buena postura espiritual le resulta más útil y aplicable a su situación o su lucha?

5. Describa la confianza y la fortaleza que usted recibe de las palabras del Salmo 86.1-13.

Capítulo 10: Conexiones sanas

1. ¿A quién ha puesto Dios en su vida para ayudarle en momentos difíciles?

2. ¿Ha hecho nuevas amigas al atravesar una decepción o un desafío? ¿Cómo las utilizó Dios para bendecirle ayudarle?

3. ¿Por qué tendemos a alejar a las personas a veces cuando estamos en medio del dolor y la lucha?

4. ¿Hay alguna relación en la que necesite trabajar en su vida en este momento?

5. ¿Cómo habla Romanos 12:9-16 a su necesidad de los demás?

Capítulo 11: La vida no es un deporte de espectadores

1. ¿Qué oportunidades tiene usted de cuidar de otros y mostrar compasión a personas en su comunidad?

2. ¿Por qué acercarse a otros tiende a traer sanidad a nuestras propias vidas?

3. Si no se siente una persona compasiva o no sabe dónde comenzar, ¿a quién puede acudir en busca de ayuda?

4. ¿Cuáles de los actos de bondad enumerados por Michelle (la mamá de Kelsi) cree usted que puede implementar esta semana? (ver páginas 197–199)

5. Al leer Romanos 12:1-8, ¿qué dones reconoce que Dios le ha dado para bendecir a otras personas?

Capítulo 12: Fortaleza del alma

1. ¿Cómo describiría "fortaleza del alma" en la vida de una mujer?

2. ¿De qué maneras fue usted personalmente inspirada por las historias de Bethany y Helen?

3. Describa un momento en que usted tuvo que esperar en el Señor.

4. Cuando piensa en el cielo, ¿qué es lo que más espera?

5. ¿Qué palabras dan fortaleza a su alma en el Salmo 18:1-6, 16-19?

Q UERIDAS AMIGAS, ESPERO que este haya sido un viaje placentero y sanador para ustedes a medida que han caminado por las páginas de este libro con sus amigas. Les aliento a seguir caminando, de la mano con el Señor por sus futuros gozos y luchas. Él nunca les dejará. Él les ha creado para una vida apasionada que mira por encima de la mera supervivencia a una prosperidad vibrante. Que sientan el gozo de su presencia y la fortaleza de sus amorosos brazos a medida que dan un paso tras otro en el camino que Él ha puesto delante de ustedes.

Tiene que aceptar cualquier cosa que llegue,
y lo único importante es que la afronte
con lo mejor que tenga para dar.
Eleanor Roosevelt

Notas

Introducción

1. Ver Salmo 103:4–5

Capítulo 1: Siete decepciones comunes en la vida de una mujer

1. Ver 1 Pedro 5:7.
2. Ver, por ejemplo, Génesis 26:24; Isaías 43:5; Jeremías 1:8.
3. Salmo 139:7.
4. Mateo 11:28.
5. Ver Deuteronomio 4:29; Jeremías 29:13.
6. Éxodo 34:6.
7. Ver Génesis 4:1–16.
8. Mateo 11:3.
9. Salmo 34:18.
10. Salmo 43:5.
11. Lamentaciones 3:19–26.
12. Salmo 34:19.
13. Nehemías 8:10.
14. Juan 15:10–11.
15. Corrie ten Boom, *Messages of God's Abundance* (Grand Rapids, Mich.: Zondervan, 2002), pp. 62–63.

Capítulo 2: Tiempo de soltar

1. Steve Blow, "Making the Best of a Worst Situation", *Dallas Morning News*, enero 13, 2008, B1–B2.
2. Salmo 147:3.
3. John Cook, comp., *The Book of Positive Quotation* (Minneapolis, Minn.: Fairview, 1993), p. 541.
4. Rut 1:20–21.
5. Eclesiastés 3:1, 4.
6. Angela Beasley Freeman, comp., *100 Years of Women's Wisdom* (Nashville, Tenn.: Walnut Grove, 1999), p. 116.

7.   Filipenses 4:19.

8.   Filipenses 3:13–14.

9.   Lucas 17:32.

10. Lucas 23:43.

11. Roy B. Zuck, comp., *The Speaker's Quote Book* (Grand Rapids, Mich.: Kregel, 1997), p. 180.

Capítulo 3: Preocupación y probabilidades

1.   Visite la página web de Jane en www.JaneJarrell.net para obtener más información sobre ella y sus libros.

2.   Mateo 6:31–34.

3.   Éxodo 3:11–12.

4.   Éxodo 4:1.

5.   Éxodo 4:10.

6.   Éxodo 4:11–12.

7.   Ver Habacuc 3:19.

8.   Éxodo 4:13.

9.   Salmo 37:3–7.

10. Ver Lucas 9:10–17.

11. Lucas 10:40.

12. Lucas 10:41–42.

13. Ver Isaías 63:1.

14. Ver Marcos 4:35–41.

15. 2 Pedro 1:3–4.

16. 1 Pedro 5:7.

17. Filipenses 4:6–8.

Capítulo 4: ¿Cómo puedo confiar en un Dios que permite el dolor y el sufrimiento?

1.   Ravi Zacharias y Norman Geisler, *Who Made God? And Answers to Over 100 Other Tough Questions of Faith* (Grand Rapids, Mich.: Zondervan, 2003), p, 46.

2.   Job 38:4.

3. Job 42:2–3, 5.

4. Judge y Amy Reinhold, comp., *Be Still* (West Monroe, La.: Howard, 2007), p. 72.

5. John Blanchard, ed., *More Gathered Gold* (Hertfordshire, England: Evangelical Press, 1986), p. 28.

6. 2 Corintios 4:7–12, 16–17.

7. Santiago 1:2–4.

8. 2 Corintios 1:3–6.

9. Salmo 138:6–8.

10. Salmo 25:8–9.

11. Hebreos 12:7–11.

12. 1 Pedro 4:12–13.

13. Paul Lanier, MD, con Dave Turtletaub, *A Change in the Flight Plan* (Dallas, Tex.: Flight Plan Resources, 2006).

14. Charles Haden Spurgeon, *Morning and Evening Daily Readings* (Ross-shire, Scotland: Christian Focus Publications, 1994), February 18.

15. Romanos 5:1–5.

16. Ver Éxodo 34:6; Nehemías 9:17; Salmo 86:15.

Capítulo 5: La belleza del plan B

1. Hebreos 4:15–16.

2. Marcus Dods, *The Prayer That Teaches Us to Pray* (Oxford, England: Oxford University Press, 1885), p. 18.

3. Marcos 9:22–24.

4. Hebreos 11:1.

5. Salmo 121:2–3, 5.

6. Hebreos 11:6.

7. John Blanchard, ed., *More Gathered Gold: A Treasury of Quotations for Christians* (Hertfordshire, England: Evangelical Press, 1986), 112.

8. Salmo 51:7–12.

9. Proverbios 27:17.

10. Ver Proverbios 16:1.

11. Salmo 16:5.

12. Salmo 33:11.

13. Salmo 138:8.

14. 1 Crónicas 29:11–13.

15. Daniel 4:34–35.

16. Para más información sobre el ministerio de Cyndee, ir a: www.specialneedswhatnow.com.

Capítulo 6: La batalla de la amargura

1. Efesios 4:26–27.

2. Efesios 4:31–32.

3. Lucas 23:34.

4. Lucas 6:27–38.

5. Ver Salmo 103:6.

6. Colosenses 3:13.

Capítulo 7: Pensar en el cuadro general

1. http://www.e-tutor.com/eNews/issue0705/.

2. http://wendikelly.wordpress. com/2008/04/01/planningfor-the-fog/.

3. Hebreos 12:1–3.

4. Ver, por ejemplo, Deuteronomio 9:6.

5. Josué 1:8–9.

6. Fuente de Joyce Huggett: *Spiritual Classics,* compilado por Richard Foster y Emile Griffin (New York, N.Y.: HarperCollins, 2000), pp. 10, 11.

7. Mateo 19:26.

8. Filipenses 1:21.

9. Richard Foster, citado en *Be Still,* compilado por Amy y Judge Reinhold (West Monroe, La.: Howard, 2007), p. 16.

10. Judge y Amy Reinhold, comp., *Be Still* (West Monroe, La.: Howard, 2007), p. 19.

11. *Valyermo Benedictine* 1, no.1 (1990), disponible en www.valyermo.com/ld-art.html. Puede descubrir más sobre los monjes benedictinos de San Andrés visitando su página web en www.valyermo.com.

12. http://clt.astate.edu/elind/nc_chandig.htm/ y http://mosaicartsource.wordpress.com/2008/03/08/creativegenius-or-just-your-typical-mosaic-artist-with-a-touch-ofocd-nek-chand-chandigarh-india/

13. 2 Reyes 6:14–17.

14. Puede saber más sobre el ministerio de Autumn Ater visitando www.aholeinmyheart.com.

Capítulo 8: Usted es lo que dice

1. Mateo 12:33–35.

2. Salmo 141:3.

3. Romanos 10:15, Isaías 52:7.

4. Romanos 10:13.

5. Proverbios 18:4.

6. Proverbios 18:7.

7. Salmo 34:1.

8. Elisabeth Elliot, *A Path through Suffering* (Ann Arbor, Mich.: Servant, 1990), pp. 59–60.

9. Romanos 8:28.

10. Ver Jeremías 42:11.

11. Salmo 9:1–2.

12. 2 Timoteo 3:16.

13. Salmo 119:11.

14. Filipenses 2:14–15.

15. Eclesiastés 4:9–10.

16. Salmo 136:1.

17. 1 Tesalonicenses 5:16–18.

Capítulo 9: Su paso confiado

1.   Anne Beiler, *Twist of Faith* (Nashville, Tenn.: Thomas Nelson, 2008), portada.

2.   Salmo 37:23–24.

3.   Salmo 71:5.

4.   Proverbios 3:25–27.

5.   Proverbios 14:26–27.

6.   Jeremías 17:7.

7.   2 Corintios 3:4–5.

8.   John Cook, comp., *The Book of Positive Quotations* (Minneapolis, Minn.: Fairview, 1993), p. 114.

9.   Salmo 27:13–14.

10.   Proverbios 3:3–4.

11.   Mateo 7:24–27.

12.   2 Corintios 5:6–10.

13.   Peggy Anderson, comp., *Great Quotes from Great Women* (Lombard, Ill.: Celebrating Excellence, 1992), p. 99.

14.   Ver Salmo 46:1.

Capítulo 10: Conexiones sanas

1.   Proverbios 17:17.

2.   Proverbios 18:24.

3.   Efesios 3:20.

Capítulo 11: La vida no es un deporte de espectadores

1.   Lucas 10:30–35.

2.   Éxodo 34:6.

3.   Tomado de *A Month of Miracles* por la coautora Edna Ellison. Usado con permiso © 2008 New Hope Publishers, Birmingham, Ala. Disponible en el 1-800-968-7301 o en www.newhopepubl.com.

Capítulo 12: Fortaleza del alma

1.   *Guideposts for Teens*, Junio/Julio 2004.

2. BethanyHamilton.com.

3. Isaías 40:28–31.

4. Salmo 5:3.

5. Salmo 27:14.

6. Salmo 37:7.

7. Salmo 59:9.

8. Salmo 62:5.

9. Isaías 8:17.

10. Lamentaciones 3:26.

11. Miqueas 7:7.

12. Romanos 15:4.

13. Salmos 119:81–82, 92–94.

14. C. S. Lewis, *Mere Christianity* (New York, N.Y.: Macmillan, 1952), p. 120.

15. Romanos 8:18–25.

16. J. C. Ryle, *Heaven* (Ross-shire, Scotland: Christian Focus Publications, 2000), p. 19.

17. Randy Alcorn, *Heaven* (Wheaton, Ill.: Tyndale, 2004), p. 457.

18. "Great Is Thy Faithfulness," words by Thomas O. Chisholm, *The Baptist Hymnal* (Nashville, Tenn.: Convention Press, 1991), 54.

Conclusión: Esperanza para el futuro

1. Mateo 21:9.

2. Isaías 53.

3. Efesios 2:8–9.

4. Si quiere hablar con alguien sobre la fe en Cristo, puede llamar al 866 NEED-HIM y hablar con alguien en este momento.

5. Romanos 15:13.

Acerca de la autora

KAROL LADD ESTÁ causando un impacto positivo en las vidas de mujeres en todo el mundo. Como escritora de éxitos de ventas de más de veinte libros, entre los que se incluyen *El poder de una mujer positiva* y *El poder de una madre positiva*, ella comparte un mensaje de inspiración, esperanza y verdad bíblica. Graduada de la universidad Baylor, Karol es una dotada y creativa comunicadora que ofrece principios positivos para la vida a negocios, iglesias y organizaciones. Sirve en la junta de directores de varios ministerios nacionales, y dirige un estudio bíblico mensual llamado "The Positive Woman Connection", el cual atrae a mujeres de todas las denominaciones a estudiar juntas la Palabra de Dios. Karol vive en Texas con su esposo, Curt, y sus hijas, Grace y Joy. Visite su página web en www.PositiveLifePrinciples.com.